OD ISTE AUTORKE

Dnevnik srpske domaćice

Azbuka mog života

Traži me

Tvoj anđeo čuvar

MIRJANA

BOBIĆ

MOJSILOVIĆ

MUŠKA AZBUKA

Četvrto izdanje

Laguna

MUŠKA AZBUKA

Nisam mogao da spavam. Ne patim baš od nesanice, to mi se retko događa, pogotovo ako popijem koju čašu vina, spavam kô bebica, ali noćas, noćas ne mogu da zaspim. Trebalo je, izgleda, više da popijem, mada smo sljuštili skoro tri flaše vina, od toga sam sâm sigurno popio dva šardonea, plus ona dva-tri viskija pre toga, ali nije me uhvatilo. San mi ne dolazi na oči. Ugasio sam lampu i već jedan sat se vrtim po krevetu. Nije to, izgleda, samo zbog vrućine, zbog koje ležim na tom krevetu go, kao Adam, majke mi, i sam na svetu.

Pokušavao sam da zamislim Cecu, dobru staru Cecu kako mi stavlja ruku na šlic, u mojoj staroj kancelariji, njenu mesnatu šaku sa noktima ofarbanim u svetloplavo, i kako mi otkopčava rajsferšlus na farmerkama, dok drugom rukom uzima moju i stavlja je na svoju sisu, smeštenu u crveni brushalter punjen sunđerom, to mi je pošlo za rukom, lako; i onda, pokušavao sam da se setim njenog pogleda, njenog treptaja, dok kleči preda mnom, pokorna i predana poslu lične sekretarice vlasnika ozbiljne trgovinske firme, utopljena u taj fantastični kadar koji posmatram odozgo. Dobra verna Ceca, pitao sam se gde li je sada, dok sam pokušavao da prizovem tu prljavu, sirovu staru sliku: oko krune njene plave kose sa crnim izraskom (bezobrazne misli, koje me posećuju često kad sam sâm, povezujem s tom ženskom aljkavošću – obojena kosa i dva centimetra crne istine na temenu) prostire se inspirativni dezen bordo tapisona sa hrizantemama. Ali zajedno sa slikom njenog karmina koji je razmazan oko tih mokrih usana, i sećanjem na krejon koji se topi pod njenim krupnim smeđim očima uprtim u mene, to je taj pokorni pogled apsolutne predanosti koji me uzbuđuje – na pamet mi pada kako je taj grozni tapison stigao kao kompenzacija iz jednog posla sa onim debelim Radovanom, iz Pizde Materine na Moravi, ili kako se zvaše, njegova masna tintara i razvaljena usta dok sisa praseća rebarca u kafani kod Milije, na Auto-komandi, i kune se u rođenu decu da će da plati najkasnije za trideset dana, a možda i pre, ta njegova masna glavudža, sa razjapljenim usnama i jezikom kojim se oblizuje, odjednom se spušta na moje butine.

Alooooo! Šta je ovo???

Ceco, izvini, noćas nam neće ići. Odustao sam.

I, prepustio sam se tišini.

Pod plavičastom svetlošću mesečine koja je titrala u prozoru, posmatrao sam crne obrise sobe. U ogledalu plakara, bio sam samo siva mrlja, torzo naslonjen na naslon kreveta. Senka. Noć je toplo zujala napolju, u tri ujutro sve je zamrlo. Zamrlo. Umrlo. Nijedan automobil nije prošao ulicom, nijedan zvuk, ništa, osim što odjednom čujem svoje sopstveno disanje, škriputavi meh mojih pluća, i nekako se prepadnem.

Dva kofera su tu. Na neki način, moj život, tu, pored kreveta.

Rekla je da je sve ispeglala. Mislim, nije to ni morala da mi kaže. Znam da je sve ispeglala i oprala.

Samo sam ih spustio tu, pored francuskog ležaja. Došao sam, spustio ih, svukao se i legao.

Pored trake za trčanje, nazirem Anine baletanke.

Mali gorki osmeh preleti mi preko usana, ali to niko ne vidi.

Koji mi je? Uši su mi odjednom zaglušile, otvaram usta i pokušavam da uzmem vazduh, ali pluća kao da su mi se odjednom smanjila, šta je, brate, ovo?!? Srce počinje da udara kratkim brzim udarcima, nije valjda, nije valjda?!? Vrućina je nepodnošljiva, a obliva me odjednom ledeni znoj.

Goran je u bolnici, juče sam saznao. Zašto sad mislim o tome? Srce. Jebote, to se događa mojim ortacima, odjednom! Ali ja sam zdrav kao dren.

Nije valjda čuka? Otvaram usta, ali ne mogu da udahnem. Bum-bum-bum. Usta su mi suva, a iz grudi kao da će da mi iskoči Osmi putnik.

Napada me mrak, tišina, leto, ovaj avgust, ova noć. Utvare daviteljke, sklanjajte svoje lepljive prste sa mog grla!

Udario sam se jako pesnicom u srce. Kašljucnuo sam, uhvatio vazduh i obrisao znoj sa čela. Lakše sam disao, ali u grudima mi je skakutalo nešto zastrašujuće. Poslednji ropac? Upalio sam lampu i polako ustao. Rukom sam se uhvatio za dovratak, i napravio nekoliko opreznih koraka, poput nekakvog usranog dedekanje. Ukapirao sam da je u pitanju strah, strašan strah koji mi se odjednom okačio na noge, ali nisam mogao da ga otresem. Nadirao je odasvud, plavio me. Kolena su mi klecala.

U ogledalu, iznad lavaboa u kupatilu, video sam svoje bledo lice. Lice obojeno sivilom panike, i pomisao da je to – to: kraj. Nije valjda ovo kraj, u ovom belom kupatilu sa pločicama boje slonovače, koje miriše na *Bulgari* osveživač vazduha, i u kome se još uvek trudim da ne ostavim nikakvu fleku za sobom?

Ne, nije kraj. Ne može da bude kraj, saberi se!

Opalio sam sebi mali šamar, pa još jedan, da se osvestim, da se uključim, ja sam sijalica koja treperi.

Delovalo je. Upalio sam se.

Pio sam vodu iz ruke i umivao se kao da sam na hodočašću. Laptao sam taj tok, tu hladnu bujicu iz česme, kao da pijem samu snagu života, polivao sam vrat i lice, prskao sam se poput patke u fontani, i dah-dah, uz srk-srk-srk, polako se vraćao u normalu. Nije mi ništa, nije mi ništa, smiri se.

Dobro je, hvala ti, Bože, što mi nije ništa, šaputao sam poput nekog klinca i kezio se zahvalan što je ovo bila samo „moša“. Zuca sudbine.

Neću spavati, ali neću ni umreti.

Smrt. S M R T, kažem glasno.

Četiri suglasnika spojena, oštra reč, reč koja seče; smrtonosna je i ta reč i pomisao na nju. Smrt, useravajuća pomisao, utvara, smrt i s njom u vezi strah, isto, mnogo suglasnika zajedno, i reč srce! S r c e! Dobro je srce, moje srce je dobro, puls se smiruje, nije mi ništa, nije mi ništa! Samo malo straha u srcu koje je krto (još jedna oštra reč, K R T O) poput stakla, krv (o, Bože!, još jedna ovakva reč,

K R V!), koja mi se malo uzburkala od straha iz srca. Ali sad je sve okej.

Dobro sam. Biću dobro. Mada, i nisam baš bio siguran.

Odvukao sam se do kuhinje i nalio dva prsta konjaka.

Seo sam na kožni trosed, podigao noge na stočić i upalio radio, sva sreća te noću nema nikakve priče na radiju, samo muzika, dobra neka muzika, Elvis je pevao „*Are you lonesome tonight*",* usamljen sam kao nikad, još uvek sam malkice drhtao, ali se pesak ove pustinjske oluje polako slegao, trnci u nogama i rukama sporo su jenjavali, ali dobar gutljaj konjaka opustio me je poput kevinog zagrljaja. Nasmešio sam se na tu pomisao, na klinačko poređenje koje mi nikada nije palo na pamet, a sad je tako leglo.

Dobar je Elvis noću, strahovit je, i možda nije slučajno da pomisliš na kevu kad ti je baš frka, i pomislio sam kako bi me Ana ubila da me vidi kako sam seo golom zadnjicom na kožni trosed, ali ona sad nije tu, i konjak je radio kao dobra rečenica, disao sam opet normalno, puls mi se polako smirivao, i počeo sam da se smejem. Dobro je, sve je dobro.

Živ sam. Nije mi ništa, iako ne znam šta mi je, jebote, nikad mi se ovo nije desilo.

Preživeću ovu noć.

Iako je strah, poput lasice, vrebao iz prikrajka da ponovo napadne, neću se dati. Ni slučajno!

Uradiću ono što mi je rekla.

Krenuo sam da zapalim cigaretu, ali sam odustao. Sinoć sam ponovo propušio. Uzeo sam joj pola paklice, ali ipak neću da zapalim sad. Možda mi je od toga loše?

---

* Engl.: Da li si usamljena noćas.

Otpio sam još jedan dobar gutljaj. Čitao sam negde da je konjak neverovatno dobar, za srce, za pritisak. I moje srce je zdravo, ja sam zdrav i jak, ništa mi nije, nikad nisam imao problem sa pritiskom, možda je sve to samo od lošeg varenja? Nešto mi sinoć nije prijalo, mada su špageti lagana hrana i nisam mnogo pojeo.

Nije mi ništa, šaputao sam, i neću spavati, ionako mi se ne spava. Biće ovo jedna budna noć, bez panike, zatućiću je konjakom, uostalom, konjak greje, raspršuje strah.

Rekla je da je primenila tu jednostavnu tehniku i da joj je pomogla.

„Azbuka", rekla je.

„Samo ređaš asocijacije po azbučnom redu. Bilo šta što ti padne na pamet, i pomaže. Skreće misli i ubija paniku."

Rekla je: „Zato sam i napravila špagete. Kapiraš? Š, kao špageti. Š, kao šugo." Nasmejala se slatko, onim zvonkim smehom. Uvek zabaci glavu unazad kad se tako smeje, kretenka.

Njen smeh, zvončići.

„Naravno, pretpostavljaš", dodala je, „i ti si bio u toj nasumičnoj azbuci. U, kao Uroš. Uvek!"

Progutao sam malu knedlu. A zatim sam progutao još malo konjaka.

Nisam baš kontemplativan tip, niti sam neka emocionalna gromada, ali me je to sad ponovo drpilo za srce. Ta rečenica „U, kao Uroš. Uvek", uh, još uvek se razliva između mojih ušiju. Odjednom, osećam peckanje u očima.

S, kao suze. S, kao sinusi, mora biti da su mi otišli sinusi od klime u kolima. Šmrknuo sam i istrljao oči.

S, kao Srce.

Neću da mislim o srcu. Puls mi je sad dobar, sve je u redu. Konjak me opušta.

I, da li uopšte mogu da se setim kako ide azbuka? АБВГДЂЕЖЗИЈКЛЉМНЊОПРСТЋУФХЦЧЏШ.

Umem! Kao kad sam imao sedam godina. Ona nam je bila kao neka pesmica kad smo bili mali, a to je bilo u prošlom veku. Uskoro ću da napunim pedeset dve godine, što znači da azbuku nisam deklamovao skoro pola veka. Mator sam. Načet sam. Odakle mi uopšte takav izraz? Moj otac je bio godinu dana mlađi od mene kad je umro od infarkta, i svi su govorili „mlad čovek, šteta“. Stresao sam se na tu pomisao. Neću da mislim o smrti.

Pogled mi je skliznuo na stomak, i to je bilo utešno. Dobar je to stomak, sa mišićima, dobro se držim, pomislio sam i šljepnuo se po čvrstim *rectus abdominus** – nisam uzalud dve godine dizao tegove i ponavljao besomučne serije trbušnjaka u teretani. Dobar sam još uvek, živ sam, „Ž“ kao „život“.

Elvis je završio svoju pesmu i onda sam pomislio: majku mu, ovo nije normalno! Koja je ovo luda noć – na radiju su upravo pustili Aretu Frenklin „*You make me feel like a natural woman*“.**

Njena pesma.

Jebala mi je kevu noćas. Ona. Moja žena. Moja bivša žena. Vesna.

V, kao Vesna. V, kao voleti.

Kao da me je ponovo neka mala nežna pesnica udarila u nos. Vojska mrava spuštala mi se sa nozdrva na usne i bradu.

---

* Lat.: Stomačni mišići.

** Engl.: Ti činiš da se osećam kao prava žena.

Otvorio sam usta i počeo da ispuštam nešto nalik izdisaju, jauku i muzici: Aaaaaaaaaaaaaaaaaaaaaaaaaaaaaa aaaaaaaaaaaaa.

I, opustio sam se.

Obukao sam šorts i otišao po papir i olovku.

A

A, kao Areta Frenklin.

Kad god čujem tu stvar „*You make me feel*", setim se: valjda muzika tome i služi, da prilepi neke trenutke u varljivi herbarijum uspomena. Jer, šta čovek uopšte pamti – fragmente, trenutke, muziku, sve ostalo je, to je izvesno, obrada, neka vrsta pisanja priče. Svaka autobiografija je romansirana, da se ne lažemo, život je, u stvari, samo utisak koji o njemu imamo. Nedavno sam pročitao gotivan stih one književnice „Od samog života, milion puta, važnija je njegova interpretacija". I dopalo mi se. Zapamtio sam to. Jer, mora biti da uvek nešto dodamo: drage uspomene se, verovatno, još malo ulepšavaju, samo da bi se ponovo prizvala ta mala sreća. Prizivanje te male sreće, najbolji sport koji pametni sebi mogu da priređe. Jedino što ne može da se promeni jeste sećanje na osećanje koje smo imali u trenutku koji prizivamo iz bunara života. Eho. To su uspomene. Muzika je, verovatno, okidač za taj intimni slajd-šou, da nije tako, zašto bi ljudi uzdisali i razvlačili face u blentave osmehe kad čuju neku pesmu koja im je obeležila neki trenutak u životu? „*Nights in white saten*",* pada mi sad na pamet, stvar na koju smo imali prve stiskavce na gimnazijskim žurkama. Divne uspomene. Moje ruke na njenim leđima, njen stomak vrlo blizu mog, pritisak njenih grudi na mojim, mogu i sad to da osetim. Divota mladosti. Ili nešto od *Dorsa*, na primer „*Light my fire*"**, ili nešto drugo, nezaboravno, iz našeg „doba nevinosti"? Ili to samo rade sredovečni papani moje generacije, kad se useru od pomisli da im je pola života već prošlo? Da silaze?

Ne bih rekao.

Ana, koja ima 36 godina, pada u sevdah kad čuje Toni Brekston, na primer. To sigurno nema nikakve veze sa mnom.

A meni je Areta Frenklin uspomena na tu staru sreću. Bio sam srećan. Izgleda da sam nekada sam to umeo. Nisam morao ništa da izmišljam. Bili smo mladi i bili smo srećni.

To je uspomena na Vesnu. Uvek postoji samo ta asocijacija. To je njena pesma. I to je taj trenutak: u donjem delu moje teget pižame, smaknutom na kukove, i u mojoj majici na tregere koja joj je spadala sa ramena, digla je ruke u stilu Stevana Filipovića *** i počela da peva sa Aretom Frenkilin. Uzgred, danas takve reklame, sa skakanjem i podignutim rukama, snimaju za paste za zube, kreme za noćnu negu ili za mobilnog provajdera. Samo ih je Anina

* Noći u belom satenu, *The Moody Blues*.

** Upali moju vatru, *The Doors*.

*** Čuveni spomenik narodnom heroju Stevanu Filipoviću u Valjevu, rad vajara Vojina Bakića. Stevan Filipović ima pobednički podignute ruke.

agencija snimila nekoliko u poslednjih par godina. Tako danas izgleda reklama za sreću.

„*You make me feel like a natural women*“, pevala je glasno, dok sam se ja, zabezeknuto, tek probuđen, dizao na laktove na našem čuvenom dvosedu na rasklapanje, koji je neopisivo škripao svaki put kad bi se neko od nas dvoje promeškoljio na njemu, da vidim kakvo se to nedeljno jutarnje čudo dogodilo: a ona je urlala zajedno sa Aretom, gledajući me pravo u oči, pokazujući prstom na mene, kao da je u stanu bilo još nekoga.

Okej, shvatio sam, ja te činim pravom ženom, klimao sam glavom, i mislio kako je šašava. Preskočila je stakleni stočić, i fotelju, i jastuke sa dvoseda, po podu razbacane, u tom našem malom stanu, u kojem smo živeli kad smo se venčali, tek smo se bili uselili. Bio je to sladak život. Dolče vita. Držala je taj iznenadni koncert samo za mene, pojačavajući daljincem muziku na digitalnoj mini-liniji, koju nam je, sećam se, iz Singapura donela moja kuma Jelica, stjuardesa JAT-a, i vrtela je dupetom, i pobednički je dizala ruke.

Dobra scena, optimistična i danas, posle toliko godina.

„Jesi normalna, šta te je spopalo?“, pitao sam, zevajući, smejući se, i gledajući je kako igra u toj pižami, plavoj, sa labavim lastišem, u kojoj su joj se videli kukovi. Čisti eros. Radost. Jutro. I sad, sasvim jasno mogu da prizovem tu scenu, sećam se čak i mirisa upravo skuvane kafe koji se širio tom našom jedinom sobom, kafe koja se pušila, tamo, na kuhinjskom pultu, i jasno vidim njen lepi mali devojački stomak, i taj labavi pojas moje pižame koji me sprečava da se okrenem na drugu stranu i odvalim još pola sata spavanja, jer divno ga je gledati, pali me taj labavi pojas koji svakog trenutka može da spadne; i sećam se kako ona utišava muziku, i spušta glas, i obe ruke spušta na taj lepi stomak. Jasno se sada sećam svega, kao da sad gledam tu scenu.

„Trudna sam", kaže, i baca se na mene, ponavljajući, tiho, „ju mejk mi fil."

„Ponovi to", kažem zbunjen, jebiga, zbunjen sam, šćućurila se pored mene, njena glava je na mojim grudima, kosa joj miriše na šampon, telo joj je gipko i divno, moja žena kaže „trudna sam", i ja je ljubim, samo je ljubim, i ne znam šta da kažem, ne znam šta se govori u tim trenucima, valjda poljupci nešto govore.

Muškarci to, valjda, primaju drugačije. Nekako te zakuca ta vest. Zbunjena sreća. Srećna zbunjenost. Sve će da se promeni. Možda tada nisam reagovao kako je ona želela, ali uvek, i danas, i sad, kad iz magle uspomena dolepрša ta scena, ja sam srećan i ponovo mlad. I samo se jedna stvar nikada nije promenila. Kad god čujem tu pesmu, gde god da sam i s kim god da sam, vidim tu malu scenu. Nju, kako igra u neobuzdanoj radosti.

Asocijacija na Aretu je baš to. Moja žena. Moja bivša žena.

A, zapisao sam.

Areta. Ambulanta, to sam odmah prežvrljao. Avgust.

A, kao avgust.

Jučerašnji dan. Ovaj avgust. Nije to moralo da bude baš juče, moglo je da bude i za nekoliko dana, ali jednostavno sam okrenuo njen broj, posle dugog premišljanja, skupio sam ovo malo hrabrosti što mi je preostalo, i rekao da ću da dođem, da uzmem svoje stvari. Bilo je krajnje vreme. Pet puta sam uzimao telefon i odustajao. Ne možeš lako da podneseš ono što znaš da si zaslužio. Prepao sam se.

„Dođi", rekla je opuštenim glasom, glasom kakav imaju moralni pobednici koji su slast te pobede okusili više puta. Veteranka moralnih pobeda, delovala je skoro veselo.

„Nemoj pre osam", rekla je i prekinula vezu, kao i uvek, i nisam stigao ništa da joj kažem, samo jedno skrušeno, poslušno „okej".

Ne znam šta me je bilo spopalo da to bude baš juče, ali je očigledno da sam birao, kao i uvek, najmanje trnovit put – tihi kompromis, to jest, kao svaki muškarac u tako delikatnoj situaciji, učinio sam sve da uradim ono što se mora uraditi, a da me to što manje košta.

Ana se sutra vraća sa poslovnog puta, iz Njujorka. Okej, uradio sam to sinoć, da nju ne uznemirim. Anu. Tako je bilo najlakše. A opet, ispalo je tako teško. Celo to popodne bilo mi je mučno, kao neko čekanje na izvršenje smrtne presude.

Napolju je bilo vrelo kao u rerni. Kraj avgusta, jara je titrala na asfaltu poput želea, mogla je skoro da se fizički oseti; iznad prašine i opušaka maltene sam je razgrtao nogama, i dok sam hodao do kola imao sam utisak da mi mokasine upadaju u veliku sivu žvakaću gumu. Ulice su bile puste, kao da je neko upravo bacio petardu, sasvim logično s obzirom na Beograd leti. Jedino što se moglo čuti bilo je brektanje aparata za rashlađivanje vazduha pokačenih po fasadama. Dobar dan za samoubistvo, pomislio sam, bacivši usputni pogled na Ciganku koja na ćošku, kose uvezane u maramu sa cvetnim dezenom, prodaje lubenice i ruže. Rukom se držala za glavu, gledajući umorno i beznadežno u klonule ruže u plavoj plastičnoj kanti. I njoj nije bilo ni do čega. Klimnuo sam joj glavom u znak pozdrava, ali nije odgovorila.

Pomislio sam na sekund da se vratim i da kupim celu kofu ruža, ali onda sam odustao. Bilo bi preterano... Bilo bi neumesno. Dođavola sa ružama! A lubenice ne podnosim. Jednom sam se ispovraćao od nestvarne mešavine tople lubenice, sunčanice i sparine iznad osušene polegle trave na nekom izletu na Rudniku. Bilo je to davno, ali od tada lubenice ne jedem.

Tako da, ništa.

Možda sam prerano krenuo? Rekao sam da ću doći predveče, ali to ne znači u sedam uveče.

Ipak, morao sam da izađem. Unervozio sam se od onoga što dolazi, što me čeka, ceo dan nisam imao mira. Morao sam da izađem, ne drži me mesto u stanu. Poluspuštene roletne, smiraj dana, jaaaaaaao, vrelo leto, da bar mogu da se odvalim od popodnevnog spavanja. Izašao sam pod dejstvom uzbuđenja, neizdrža, da pobegnem od sebe koji sedi, uznemiren, na kožnom kauču u minimalističkom skoro potpuno belom enterijeru, koji je proglašen jednim od najlepših privatnih prostora u Beogradu, po oceni žirija časopisa *Moj dom*, i gledam na sat. Tri puta sam stavljao kolonjsku vodu, i kad sam toga postao svestan, izleteo sam napolje.

Krstarenje gradom, to je najbolji način da se ubije vreme. Da se ubije ta mala nervoza koja mi, opet, kljuca u stomaku. Ili je to od vreline? Ipak, jedna od dobrih stvari u Beogradu u avgustu je upravo to – tišina. Bar niko ne trubi. Magični nedostatak buke. Beogradska siesta, prazne ulice. Milina za kola.

Zvao sam Željka da idemo na piće, ali matori je zapalio sa ženom u Grčku.

„Otkud ti? 'Oće da padaju sekire? Je l' sve u redu?“, u daljini iza njegovog glasa čula se cika i muzika.

„U redu je, što ne bi bilo u redu? Nismo se dugo čuli“, osetio sam zrnce prekora u njegovom glasu, šta je tu tako neobično da pozoveš na piće starog druga, koga nisi video dve godine? Ne razumem, Srbi su mnogo uvredljivi, rekao sam mu da ću se javiti kad budem imao vremena, i evo sad imam vremena, imam bar dva i po sata, i pozvao sam ga, prvo mi je on pao na pamet.

„E, matori, ako je sve u redu, 'fala bogu, super, ako nije ništa hitno, u romingu sam. Halkidiki, Sarti, evo i Sneška te pozdravlja. Čujemo se kad se vratim.“

Porodica, pomislio sam, i nešto me je na sekund bocnulo u srce, ali sam se brže-bolje setio Gorana. Telefon je zvonio i zvonio, i onda sam odustao. Možda namerno neće da mi se javi? Što su svi odjednom ljuti na mene? Ko ima vremena da se stalno čuje sa starim drugovima? Nismo gimnazijalke pa da se stalno dopisujemo. Imao sam mnogo posla, šta sam sad, kriv? Svaki put kada me je zvao bio sam na sastanku ili u inostranstvu. Tako se namestilo, pozive sam mu odbijao zato jer sam morao.

I Goran me je upravo otkačio porukom: „JBT, matori, u bolnici sam. Čuka. Ali sad je sve pod kontrolom. Drži se.“

Zadrhtao sam na tren. Ne želiš da čuješ da tvom ortaku nije dobro. Nisam imao pojma da mu srce nije u redu.

„Batice, sve će biti okej“, napisao sam mu. Nisam imao inspiraciju ni za šta drugo. Dugačka poruka bi potresla i mene i njega.

A Nenad je isključen sa mreže, mora da je i on otputovao negde, na more.

Pre toga, ručao sam u *Đardiniju*. Crni rižoto. Čeri. Jedna čaša vina. Bio sam sâm u kafani. Isprva mi je to prijalo, to što sam bio sam sa Erosom Ramacotijem, ali me je, već posle prvog zalogaja, odjednom napao neki bedak. Radiš celog života sve da ne budeš u gomili, da sediš u kafanama u koje ne može da uđe svako, u klubovima u kojima ti je bez problema uvek obezbeđen separe, da se ne bi gužvao sa gomilom, i na kraju nemaš s kim da popiješ piće, pomislio sam, iznenađen i sam sopstvenim mračnim raspoloženjem. Mora biti da je na to uticala mešavina svetlosti – unutra su bile upaljene sijalice, napolju je sijalo sunce – izgleda da kombinacija jarkog sunca napolju i zidova boje crvene gline unutra dosta utiče na tragično osećanje života. Za koje nije da baš i nemam razloga, mada se moji prijatelji, očigledno, sa tim ne bi složili.

Dali su mi novine. To je bilo još gore. U novinama u avgustu, koliko sam mogao da vidim, s obzirom na to da ne volim da stavljam naočare za čitanje po kafanama, to dosta kvari imidž – džaba mi sva ona znojenja po teretani, naočare plus dva, navrh nosa, mnogo spuštaju čoveka – bila je sve gola reciklaža vesti, ako se izuzmu tragedije i kataklizme. Bolje da ih nisam ni uzimao.

Potpuno srozanog raspoloženja, vratio sam se kući. Koja nije moja kuća.

Pomislio sam kako večeras, u stvari, idem svojoj kući, da uzmem svoje stvari. I to me je dodatno spustilo. Trebalo bi sebi da kažem da idem kod bivše žene da uzmem svoju garderobu, tako jednostavno i jasno i glasno, ali titularna zbrka – moja žena koja je faktički moja bivša žena – pravila mi je haos u glavi. I hteo sam da ubijem tu tremu sa nekim, bilo kojim, starim drugom, sa bilo kojim drugom, ali nije bilo nikoga. Hteo sam da se nekom malo jadam. Hteo sam da me neko sluša, uteši i ohrabri. Ali, kao za baksuz, nikog nije bilo. Dosta depresivno.

I onda sam izašao ranije, kao da ću tim što sam izašao iz kuće dva sata ranije nešto da ubrzam! Seo sam u kola i vozio se. Dorćol, pust. Zatim sam krenuo preko Brankovog mosta na Novi Beograd, kao poslednji jadnik, parkirao sam se kod Ušća, izašao napolje sa idejom da se prošetam i da se tako nekako saberem, ali me je ponovo zapahnula takva vrućina da sam se vratio u kola.

Došlo mi je da zapalim cigaretu, posle dve godine(!) i pomislio da sve otkažem. Kukavice toliko toga rešavaju SMS porukama. Nisam heroj, priznajem. Nisam nikada bio heroj, to nekako i nije moj dezen. Ja sam jedna kukavica.

I, uostalom, jebe mi se za moje stvari, manje-više. Mogu da joj napišem „izvini, nešto mi je iskrslo“, toliko puta sam to uradio, i onda ne moram da idem. Mogu da odem u tržni centar i da kupim sve šta mi treba, otkazaću, ovo je ionako glupo, nisam ni siguran da li sam uopšte spreman za susret s njom, nismo se videli dva meseca, otkad sam otišao grleći je čvrsto jednom rukom dok sam u drugoj nosio malu putnu torbu i teniski reket, pokupljen u predsoblju iz kible za kišobrane, inventar tog velikog trenutka. Ne želim da mislim o tome, mnogo je depresivno, o tom momentu, odbijao sam da mislim o tome, ali sad me ta slika spopada jer sam rekao da dolazim, i nemoćan sam da joj se oduprem. Od tada se uopšte nismo ni čuli ni videli, dva meseca je prošlo, to mi sad odjednom izgleda kao večnost.

Mislim samo o tome kako vreme leti, kako će sve da proleti, kako mi je proletelo pola života.

I, uostalom, svako bi na mom mestu otišao u svoj stan kad ona nije kod kuće, i uzeo bi svoje stvari. Ali, koje stvari? Šta muškarac ima? Šta muškarac ponese iz svog života?

Moglo je to da se izvede bez komplikacija i bez scena, glup sam što sam je uopšte zvao, niko nije tako lud da dobrovoljno ode na kusanje svoje porcije govana, svaki normalan čovek bi to nazvao pravim imenom i uradio bi to elegantno i bez buke. Ona nije tu: i, hopla! rezervni ključ, i uzmeš ono što je tvoja pokretna imovina – svoje kravate, penkala, sakoe i košulje, i veš i pižame – uradiš tako da se smanji pritisak porodične drame, da se smanji stres koji ionako postoji, ta gospođa Apokalipsa koju nisam želeo, koja se dogodila, mogla bi bar sad da se izbegne.

Možda, na kraju, ipak ne mogu da budem tolika gnjida? Da se ušunjam u stan i da izbegnem da se sretnem sa ženom sa kojom sam proveo dvadeset pet godina u braku. Ostani đubre dok kraja, to ipak nisam mogao. Nisam toliko đubre. Jednom bismo ionako morali da se sretnemo.

I, to će biti sada.

Ali sada mi se stezalo grlo. Uznemiren sam kao nikada, i ovo mi nije trebalo. Pomislio sam, ponovo, bolje je da budem pizda, kakvom me verovatno smatra, najlakše je biti pizda, život je ionako jedna niska pizdunstava uglavnom, bolje bi bilo da nas oboje poštedim sranja, emotivnih ispada, stida. Izbegneš krivicu, to valjda svako radi? Nije li život ponekad, kad se sve ogoli, samo to? Izbegavanje krivice? Jednostavno, organizuješ sebi život tako da bude što manje komplikacija: mogu sutra da pošaljem, na primer, Lazara, mog šofera, da ode po sve to, je l' tako? To rade pravi frajeri?

Ne znam ni šta je to – „sve to“, ona je rekla da dođem i da je sve spakovala.

Vozikao sam se bez cilja još malo, dok sunce potpuno nije zašlo i dok nebo nije pomodrelo, a onda sam duboko udahnuo i polako se odvezao na staru adresu. Na našu adresu.

A, kao adresa.

Parkirao sam se na ćošku, kod malog diskonta pića. Sačekao sam još desetak minuta u kolima, pre nego što sam, gledajući u vrhove svojih mokasina, da izbegnem bilo kakav slučajni susret sa komšijama, krenuo na poznatu adresu. Pomislio sam da kupim flašu vina, ali sam tu ideju odmah odbacio – kao dolaziš u svoj stan kod svoje žene da zauvek odeš, i nosiš joj flašu vina?!? Nenormalno, nelogično. I nekako jadno. A osim toga, u kući imamo kolekciju najboljih vina koja sam skupljao godinama, ako uopšte bude prilike da se popije nešto, imamo ta vina. Moja vina. Ali njih danas neću poneti. Bilo bi bedno da to uopšte pomenem.

Zazvonio sam praznih ruku.

I, odmah me je zajebala.

Opraštala se od mene kraljevski.

A, adio.

Stajao sam nekoliko trenutaka zarobljen pred tom slikom. Ona, u ramu ulaznih vrata, kao Matisova crvenokosa, u toj haljini na bele rade.

Onda je pružila obe ruke ka meni, kao što se pružaju ruke najboljem prijatelju, i zagrlila me. Potapšala me je nežno po ramenu, i nije me puštala nekoliko trenutaka.

Znala je.

Popio sam još malo konjaka.

A, kao aperitiv.

U rečnicima lepo piše da je aperitiv alkoholno piće koje se pije pre jela da bi stimulisalo apetit. Reč je nastala od latinske reči otvoriti – dakle aperitiv otvara.

„Može viski?", pitala je odmah, žurno odlazeći po led.

„Ja sam već popila jedan", čavrljala je veselo, preterano veselo za taj trenutak, pila je da ubije paniku, očigledno, to je bilo jasno i na prvi pogled, odlično je poznajem, znam kako moja žena ubija stres. Ali hodala je kao neka balerina u penziji, kao balerina koja se našla na prijemu u nekoj carskoj palati, priređenom njoj u čast. Kraljica teških trenutaka.

„Može", rekao sam rastreseno, još na ulaznim vratima ja sam pukao, bio sam slomljen čovek.

Posmatrao sam našu dnevnu sobu, slike na zidovima, lampe, kao ubica koji se vratio na mesto zločina. Bio sam tu, skoro do juče, a sad sam došao u kurtoaznu posetu, stranac u noći, pomislio sam sa setom. Sve je bolelo u toj sceni.

„Saberi se, druškane!", umirivao sam se, i pre nego što sam eksirao prvo piće, u glavi sam umesto mozga već imao pire krompir.

Tri kockice leda, kao i uvek, teatralno mi je dodala čašu, vrteći se, u toj haljini u gloknu, svesna utiska koji ostavlja.

Koji mi je?

Taj aperitiv me uopšte nije otvorio. Samo je na trenutak umirio nešto sramotno, drhtavo i nezamislivo što se poput uplašene zverke budilo u mom stomaku.

Lice joj je bilo blistavo, smešno je da to muž kaže za svoju ženu, stvarno je nekako nenormalno da to kažeš za ženu sa kojom si proveo četvrt veka, ali bilo je blistavo, jebote, sijala je zbog nečega, valjda je to znanje koje neke žene imaju, sijala je zbog zrelosti, zbog osećaja superiornosti, jer sam ja bio taj koji je došao da bi je napustio zauvek; ona je sve ove demone koji me razdiru već ukrotila, imala je vremena za to, nema sumnje, pripremila se bolje od mene za sve – za ovaj susret, za život. Nije se plašila.

Zavidim joj.

Obično bih je uvredio, uvek kada sam osećao i zrnce zavisti prema njoj, morao sam da je uvredim, ali sada se ne usuđujem. Nismo više toliko bliski da bih smeo da je povređujem. Toga sam svestan, da sam je povređivao uvek kada bih se osetio slabijim od nje, to je uvek bilo jače od mene, i kada bismo se svađali, ranije, i kad bi to osetila kod mene, uvek mi je govorila, sa neke visine, da je o tom fenomenu muške ljubomore pisao Kundera, „litost", govorila je, „pročitaj", zapamtio sam tu reč, „litost", ali nisam hteo da pročitam *Knjigu smeha i zaborava*, baš zato. Zbog tog njenog tona. Zbog zavisti. Zbog inata.

Jača je od mene. Sada je jača, i još je jača jer ne želi da iskoristi tu nadmoć koju ima. Ona ne želi da me razbuca. I to me razvaljuje. Bilo bi mi mnogo lakše da me je odmah ispičkarala, s vrata, tu smo se oduvek fantastično snalazili, oboje. Ja sam došao po svoje stvari i po svoju porciju krivice, težine, prekora, po njene suze i očekivani očaj, ali od toga, izgleda, nema ništa.

Bio sam zapanjen. Odahnuo sam sa olakšanjem koje je samo sekund kasnije smenio neki jadan mrak: mračan sam jer je ona blistava, i sve blista u tom našem stanu, i sve izgleda bolje, mnogo bolje nego onda, kada sam otišao.

„Daj još jedan viski", pružio sam čašu ka njoj i okrenuo glavu ka terasi – vetar je pomerio zavesu i u sobu je uletelo nebo, vreme, jedna zvezda mala kao zrno grožđa, s njom i miris avgustovske noći i možda i jedan mali anđeo, jer sledećih nekoliko minuta niko nije izgovorio ni reč, i pevala je Šade.

„Š kao Šade", izgovorila je nekoliko trenutaka ranije, i izgledalo je kao da i ne treba ništa više da se kaže.

Palo mi je na pamet, prvi put u životu, kako ima nečeg ludački erotičnog u tome što joj se obraćam sa „ti", posle svega, u tome što sam joj rekao „daj još jedan viski", kao da imam neka prava još uvek, na nju, na tu moju davno osvojenu, pokorenu i opustošenu zemlju, koju sam napustio ne osvrćući se, i što je ona bez roptanja, bez gorčine i bez ikakvog cinizma, rasterećena krivice i nimalo očajna (a očaj me užasava!!!), skočila da mi donese piće.

Osetio sam se kao kralj, ali već u sledećem trenutku bio sam mali zbunjeni rob.

Hteo sam, kao i obično, kao što sam radio celog života u našoj kući, da podignem noge na stočić. Mera mog kućnog uživanja uvek je bila baš ta scena – kad podignem noge na stočić ili na taburet i pijuckam jutarnju kafu ili prvo večernje piće. Ali odustao sam od te male prisnosti, jer to više nije bila moja kuća.

Vrpoljio sam se na fotelji dok je ona zveckala kockicama leda u kuhinji.

„Jesi gladan?", doviknula je. „Mogu posle da nam napravim špagete."

Nisam znao šta da joj odgovorim.

Iz nekog razloga pomislio sam tada da mora biti da izgledam kao frajer koji je došao na prvi sastanak, a ne na poslednji.

Auuuu, šta bi ovo?

A, kao Ako.

Ako se nešto desi? Ako se nešto promeni? Ako ona poludi? Ako ja poludim? Nema Ako. I nema Ali. To je sad sve nemoguće. Ali sinoć?

A, kao ambicija.

O, da, ambiciozan sam. Možda kažu da sam suviše ambiciozan? To je onda pežorativno značenje. Kao mnogo sam ambiciozan, ali to uglavnom govore lenčuge. Mrsomudi, džabalebaroši koji se nikada nisu stvarno potrudili da nešto naprave od svojih života. Zaradio sam nešto. Stvorio sam malu materijalnu sigurnost. Volim Aritmetiku. Sabiranje, oduzimanje, Akcije, Analize. Napravio sam neki život. Voleo sam da radim, taj uspeh u poslu palio me je, priznajem, ponekad i više nego bilo koja žena, mada su me žene mnogo interesovale, da se blago izrazim. Četvorosoban stan. Svakom detetu po garsonjera. Dobra kola. Opušten sa lovom.To sam uvek želeo, tome sam težio, ako je to preterana ambicija, ja sam to.

I, umalo da zaboravim, Ana.

A, kao Ana.

Ana je ambiciozna.

Amor. Amorova strela. Agencija. Akten-tašna. Asepsol. Aerosol. Armani. Akva viva. Amerika. Andamanska ostrva. Alter ego. Alt. Aranđelovac. Anđeli i demoni.

„Ako možeš da vidiš uništeno delo svoga života i bez jedne jedine reči, ponovo da ga gradiš, ili da bez uzdaha i protesta, podneseš gubitak onoga što si dugo čekao; Ako možeš da budeš zaljubljen, ali ne i lud od ljubavi; Ako možeš da budeš jak a da pritom ostaneš nežan, da ne mrziš one koji tebe mrze…“

Kipling, *Ako*, jedna od nekoliko pesma čije stihove i danas znam napamet. Učili smo poeziju u gimnaziji, kao ludi, tako smo muvali devojke, morao si bar jednu pesmu da znaš. Pripadam poetskoj generaciji. Bilo je to srećno vreme, možda zbog toga. Lova nije bila bitna, bili su bitni stihovi. Gitara. Ovu pesmu mi je otkrila Vesna, kad se rodio naš sin. Odmah sam je naučio napamet. Ponekad smo Vesna i ja recitovali *Ako* u nastavcima. Jedan stih ona, jedan ja, ali bilo je to dok smo bili klinci i dok smo verovali da je poezija važnija od stvarnosti. Ozbiljna muška pesma, za oca i sina. I, u stvari, više je ovo pesma za oca, nego za sina.

Sinoć je ona, posle druge flaše vina, počela da je recituje, ali jednostavno nisam imao snage da nastavim.

„Ako možeš“, ponavljam glasno, i više ni u šta ne mogu da se zakunem.

Dobro, tek sam počeo.

B

B, kao Bog, kao Beograd, kao bromazepam koji je Ana posejala svuda po stanu, ja sam u njenim godinama spavao kao bebica, ona ne može da zaspi bez toga.

B, kao brijanje.

Prešao sam rukom preko lica, i mogao da osetim finu šmirglu moje brade, baš mi brzo raste, pomislio sam, juče po podne sam se obrijao kad sam krenuo po svoje stvari, a vidi sad, tri ujutro je, a meni na licu već niče nova fina bradica. Setio sam se da sam negde pročitao da je to znak odličnog zdravlja, testosteron me, očigledno, još uvek ne napušta, i neka raste, sutra po podne ću da se obrijem kad budem išao po Anu.

Koliko li je sad sati u Njujorku? Devet?

Veče uz radio. Ova noć uz radio. Radio me razbio. Puštali su Ališu Kiz. Pevušio sam refren:

I just want you close
Where you can stay forever
You can be sure

That it will only get better
You and me together
Through the days and nights
I don't worry 'cause
Everything's going to be alright
People keep talking they can say what they like
*But all I know is everything's going to be alright**

Žvrljao sam po papiru, zvezde i krugove i krstiće, „ti i ja zajedno, kroz dane i noći, i ne brinem se, jer sve će biti u redu...", s pažnjom sam slušao stihove, pevušio s njom, i odjednom, nisam više bio siguran na koga se ovo odnosi.

Bog. B, kao Bog.

To je prva asocijacija koju imam. Možda i zbog krstića koje sam žvrljao. Iako, uopšte nisam vernik. Nisam ateista, ali ne mislim o Bogu, stvarno ne mislim o Bogu, skoro nikada, ali noćas, Bog je reč na slovo „b" koja mi je prva pala na pamet, koju sam prvu napisao na ovom parčetu papira.

„Bože, ne daj da umrem!", pomislio sam malopre, kad sam popio prvi gutljaj konjaka.

„Bože, nemoj da me kažnjavaš", tiho sam se pomolio. To je detinjasto, znam, ali kad gubiš vazduh i kad te demon straha ščepa svojim ledenim kandžama za grlo, hvataš se za prvu i poslednju slamku.

* Engl.: Samo želim da si blizu / Tamo gde možeš ostati zauvek / Možeš biti siguran / Da će samo biti bolje / Ti i ja zajedno / Danima i noćima / Ne brinem jer / Sve će biti u redu / Neka ljudi pričaju šta god žele / Ali znam da će sve biti u redu.

Bog. Bog i ja. Paradoks ovakvog stanja je u tome što mi je odjednom lepo kad pomislim na tu našu tajnu vezu, na Boga i mene. Mali sam, i možda nikada nisam bio manji nego noćas, i prvi put mi je zbog toga milo. Ima čudesne lepote u tom poređenju. Odjednom, lepo se osećam, zato što večeras možda prvi put, doduše uz ovu utešnu vatru konjaka koja mi se razliva po grudima i po glavi, mogu da sagledam koliko sam mali i slab, i kako je život kao tren.

„Možda si za mene imao neki plan, noćas, pa si se predomislio? Hvala ti, Bože. Možda je ova sumanuta azbuka početak jednog divnog prijateljstva između tebe i mene. Naša *Kazablanka*?"

Počeo sam da se smejem na ovu pomisao.

„Kad je sve otišlo u pizdu materinu, ostajemo nas dvojica, ti i ja, Bože, i odlazimo da se družimo, kao u filmu, jer mora biti da me razumeš, kao muškarac muškarca. I osim toga, sve daješ za dobru priču?"

Imao sam osećaj da se i on smeška na ove moje male reči.

„Vidi, vidi, bio si u pravu. U početku beše reč, je l' tako? Baba mi je čitala Bibliju kad sam bio mali, i to sam zapamtio. Mnogo je moćna ta reč. Tvoje ime. Bog. Tri slova, i odjednom, vidim, sve će biti u redu, ti si mi poslao ovu poruku u pesmi? Sve će biti u redu."

I onda, kao neki ludak, promrljao sam sebi u bradu:

„Siguran sam da će sve biti u redu, ali neću da spavam. Dočekaću jutro sa tobom, i azbukom. I konjakom. I muzikom sa radija."

BE BE

Brižit Bardo, koliko smo se samo ložili na nju kad smo bili klinci! Bižitka, junakinja naših prvih mokrih snova, baletanke, „Bardo haljina", tako to Ana zove, ona je ekspert za modu, Bardo haljina, to su gola ramena, nisam ni znao da se to sada tako zove, tako mi je objasnila kad sam joj je kupio prošle godine, u Milanu, *Armani* haljinu sa oborenim ramenima, da je iznenadim za rođendan. Bila je oduševljena, i pogotovo je ostala bez teksta jer sam joj pogodio broj. Ušao sam u radnju i pronašao vitku prodavačicu njene visine, i zamolio je da je proba. Ispostavilo se da je to bila odlična ideja.

Kad se Ana, posle, gledala u ogledalu u hotelskoj sobi, rekla je: „To je Bardo haljina." Prvi put sam čuo taj izraz i zapamtio sam to. Uz Anu učim toliko toga modernog. Bardo haljina. Fantastično je u njoj izgledala kad smo se pojavili na godišnjem prijemu kod Đanotija – stvarno je bila reprezentativna, kao da smo stigli iz njujorške centrale *Fuler advertajzinga*, a ne iz Beograda. Bio sam ponosan.

Berza, breza, brige, banka, bol. Beograd.

Beograd je sila. Mešalica za beton. Beograd me je oblikovao.

Ona je sinoć rekla da me je Beograd umesio. Da me je ulupao kao belance. Smejao sam se kao lud na to poređenje, ali sad mi je sinulo da to uopšte, izgleda, nije bio kompliment. To je, verovatno, trebalo da znači da me je Beograd pokvario.

Sad mi se tek vraćaju neki fragmenti tog razgovora, koji je bio iskidan gutljajima vina, i zelenom salatom, i špagetima sa šugom od paradajza i junećeg mesa, bili su fantastični njeni špageti bolonjeze, nikada bolji, pomenula je posle toga nešto u stilu „opšta mesta uspeha", govorila je uopšteno, pominjala je „tranzicioni moral naših muškaraca" a ja sam se kliberio, srećan što ne pominje ništa o nama, ništa o meni konkretno, što me ništa ne pita, što me ni na šta ne podseća, osim na ono što mi je uvek prebacivala – da sam predao srce mećavi, to jest da sam se naložio na status i novac koji zarađujem. Ali govorila je to nekako dobronamerno, skoro u šali, pomirena.

Pa, u redu, ima istine u tome. Hteo sam u jednom trenutku da budem duhovit i da joj kažem da joj, očigledno, ne smeta što umesto nekog litarskog *Semijona*, pijemo *Columbia Crest Grand Estates Chardonnay 2006.* iz moje kolekcije, ali sam se uzdržao. I samo sam nam dolivao vino, zbunjen, u isto vreme osećajući se i kao gost i kao domaćin, i na trenutak sam čak uživao kao da je vidim prvi put u životu.

Bio je to na neki lep način, praznik ponavljanja. Koje nikada nije potpuno isto.

Beograd. Kad god izgovorim Beograd, nasmešim se, jer to su uvek, pre svega, slike proleća, neki april, maj, devojke u letnjim haljinama, kafei, lepotice, stvarno lepotice, kokete. Zanimljivo, nikad ne zamislim neki most, ili Pobednika, ili Hram, ili Ušće. Ni reke. Uvek zamislim lepotice na ulicama, to su valjda tipične uspomene muškarca. Žene.

Mi nismo bili tako lepi kao što su lepi mladi sada. Kad pomislim samo, oblačili smo se skromno i dosadno, i nismo imali kafiće, bio je jedan kafić, onaj *Zlatni papagaj*, kad smo mi počeli da izlazimo. Umesto toga, kad bismo imali para, išli smo u lokalne kafane, da delimo jednu porciju krompirića i deset ćevapa. Uglavnom nismo imali para, a ipak, bilo je nečega u tome. U tom dovijanju, u talentu da se uživa u banatskom rizlingu i bip pivu, da se uživa, čak i u gladi.

Beograd, Bojana. Moja prva devojka.

Boki, gde li si sada?

Zaboraviš toliko toga. Sećanje je selektivno. Još jedan dobar gutljaj konjaka i zažmurio sam.

Prva asocijacija na Bojanu je da je pratim kući. Po kiši, ili po snegu. Da je hladno, zime su nekada bile hladne i vlažne i snegovite, i mi smo imali tanje jakne, sve je bilo tanje, đonovi su bili tanji. I džepovi, i ruke bez rukavica, večito promrzle i ispucale, sirotinjske ruke čitave generacije, i onda, ljubljenje pod strehama u nekadašnjem Bulevaru revolucije, kako li nam nije bilo hladno? Zanimljivo, niko nikada nije govorio o vremenu, ne sećam se da je iko kukao da je hladno, niko nikada nije rekao da se smrzao! Vremenske prilike nisu bile ni lokalna ni globalna tema.

Imala je male grudi, lepe grudi, nisam se tada ložio na velike grudi, to je došlo posle, u jednom kratkom periodu mog odrastanja, sa *Plejbojem*, sa pornografijom. Pamtim njen šal koji joj je keva heklala, terala me je da zajedno idemo da joj kupimo vunicu za taj šal, klupčići su se zvali štringle, i onda bi ona umotala taj šal dva puta oko vrata, i drhtala bi u tankom kaputu, i gacali smo po mokrom snegu preko tramvajskih šina, do njene kuće, gore, kod *Lipovog lada*, u jedanaest je morala da zazvoni na vrata, pratio sam je do lifta.

M, kao mladost. N, kao nevinost.

Pratili smo devojke, to je bio bonton. To danas više niko ne radi. Danas, devojka uzme taksi i ode. To su moderna vremena, emancipacija, sloboda i ekonomska nezavisnost. To danas rasterećuje muškarce. Ona uzme taksi i ode. Ponekad ode dalje, u još neki provod.

A mi smo vodili ljubav hodajući. Zagrljeni. I, kad bolje razmislim, najviše sam se u životu grlio sa Bojanom, i to je tako čudno, jer je, nekako, posle, zagrljaja bilo sve manje. Što čovek ima više svog prostora, to se više utvrđuju njegove granice. Ljudi koji žive zajedno retko hodaju zagrljeni.

Jao, postajem sentimentalan!

Z, kao zagrljaj.

Stvarno, u Beogradu ne pamtim kad sam video zagrljeni par. I ne sećam se kad sam se poslednji put grlio sa nekim. Na ulici, sigurno ne. Poslednji put sam hodao zagrljen sa Vesnom kad je bila u drugom stanju sa Lukom.

I onda smo, posle, imali svako svoj prostor, prostor muža i prostor žene, ne grlimo se, jer ću da joj sjebem frizuru, ili je ne grlim jer moram da otkopčam sako, često se i ne držimo za ruke, jer su nam u rukama volani, i deca, i kolica i ključevi kola, i tašne i kompjuteri i mobilni telefoni.

A Bojana i ja smo išli u diskoteku da se grlimo, u *Cepelinu* kad puste stiskavce, to je bilo najbolje. Žurke su se pravile zbog stiskavaca a ne zbog Džejmsa Brauna, koliko se ja sećam? Danas nema stiskavaca u klubovima. Ljudi igraju sami, žmure i igraju sami, sve te devojke koje niko nije zagrlio, klubovi su postali mesta promocije tela, pornografskog prosedea, voajerizma.

Nije da ne volim da ih gledam, taj predani rad sa dupetima, to fokusiranje na pozadinu, životinjska farma, čoveče! I to što umeju sa šipkom, i koktelima i muškim pogledima, da se ne lažemo, imam mesto u VIP loži skoro svuda, i to su devojčice koje bi mogle da budu Martine vršnjakinje i da se muvaju sa Lukom, ponekad se rastužim na tu pomisao, ne samo zbog njih, nego i zbog sebe; one igraju ispred mog stola za kojim se toči skupo vino, i puše tompusi, i za kojim sede frajeri poput mene, dobrostojeći voajeri, koji čuvaju svoj lični prostor, i koji decenijama nisu bili zagrljeni, i naravno da ne dolazi u obzir da me bilo ko zagrli, da ugrožava moj lični prostor, to se danas zove kamen oko vrata, slengom rečeno – „kačenje“, svi žele da ti se nekako zakače, a to ne možeš sebi da dozvoliš ako imaš mozga. Neka mi niko ne prilazi suviše blizu!

Brate, al' sam gorak!

A bilo bi lepo da me neko zagrli sada. Ako mi je ikada bio potreban zagrljaj, mali običan zagrljaj, to je sada. Bilo bi lepo kad bi to moglo, ali to je nemoguće, nemoguće je da sve bude mnogo jednostavnije – da sad, na primer, mogu da je pozovem, i samo da joj čujem glas.

Ali sad je tri ujutru, i tako nešto ne dolazi u obzir: ona je oprala sudove, sklonila je sve sa stola, i legla je da spava, ne mogu da je budim, nemam više prava na to, a osim toga, pomislila bi da sam odlepio, i da sam pukao.

Konjak, radi.

Super, bolje da ujutru budem mrtav pijan, nego mrtav.

V

A, da je ipak pozovem i pitam koja joj je prva asocijacija na slovo V? Ona bi verovatno, kao stara romantičarka, odmah ispalila „voleti“.

V. Vesna.

„Vesna“, počeo sam, duboko uzdahnuvši, pošto mi je donela onaj drugi viski. Glas mi je bio slomljen i pokajnički. Morao sam da se nakašljem.

„Nemoj samo nikakve velike priče, molim te“, presekla me je smeškajući se, iako nisam mogao da ne primetim mali grč na usnama koji joj je na trenutak bio zaledio osmeh. Ili mi se to samo učinilo?

Mislim, pametna je, ona me čita kao *Politikin Zabavnik*. I pomišljam sada, kako je muškarac srećan, ponekad, kad shvati da ima ženu koja ga tako dobro poznaje.

Dobro me poznaje i spasila me je.

Znala je, očigledno, da sam se upravo bio spremio da joj kažem bar jedno mlitavo „izvini“ i da prospem reku reči sa ciljem da je ubedim da mi je teško, da nije samo njoj teško, da je to odluka koja je i mene koštala, i sve ostalo iz repertoara ranjenog samoljubnika koji ne može da podnese teret svojih sopstvenih odluka, i bio sam spreman da posle toga istrpim galone njene gorčine prosute na moju glavu, i sve one cinične komentare koje je, siguran sam, bila spremila na račun moje neozbiljnosti, moje sredovečnosti i naročito na račun Ane koja me joj je otela. Ali šmekerski me je zaustavila.

Bio sam u šoku.

Hvala ti, boginjo!

Ni u najluđem snu nisam mogao da očekujem takvu reakciju, to uopšte ne liči na nju koja obožava velike priče, koja u stvari, kad se raspali i kad joj je stalo, ne može da se zaustavi!

Kada se samo setim kako me je boleo želudac dok sam čitavo jutro i popodne zamišljao kako me s razlogom vređa, kako govori strašne stvari, kako je besna i ogorčena i ljuta i očajna jer sam je ostavio. A sad, ona ne želi nikakve velike priče. Veličanstvena promena!

Pomislio sam „kakva kraljica"! Mislim, uvek je bila bolji čovek od mene, jači igrač, u to nemam sumnje, a sada je samo to potvrdila. Ne želi da umusavi ovo veče, koje čak može da bude prijatno, ona ne želi da me muči.

Podigla je čašu, namignula mi, otpila mali gutljaj žmureći, a onda je kažiprstom promešala led.

„Nemoj samo da mi se izvinjavaš i ništa tome slično, naporno je to da se sluša i to nam ne treba, je l' tako?"

Nisam znao šta da kažem. Jebote, šta da kažem na to? Da li nam treba ili nam ne treba razgovor o mom odlasku, o pukotinama našeg braka, o razvodu, o Ani, izdaji, patnji, usamljenosti. Spustio sam pogled. Ono kad te je sramota od samog sebe. I pomislio sam kako smo se svi nekako saživeli sa agresijom, mržnjom i zlopamćenjem, i kako se u tome savršeno snalazimo, kako imamo razvijen uslovni refleks za odbranu i za kontranapad, i za napad, a kako pred širinom i dobrotom i otmenošću ostajemo, najblaže rečeno, tupi. Pokoreni. Bez reči.

„Aj' malo da budemo šmekeri, 'ajde malo da se zezamo, da ne otežavamo nikom ništa i da se sada dogovorimo, da se zakunemo da ćemo biti prijatelji!", dodala je.

Ostao sam bez teksta, potpuno razoružan, zbunjen, oduševljen.

„Okej", rekao sam i podigao čašu u zdravlje i u slavu takvoj ženi, „hvala ti, srce", hteo sam da kažem, ali umesto toga, nagrnuo sam na viski da ubijem nelagodnost, jer sam se nalazio na nepoznatom terenu, na terenu lakoće i praštanja.

Ali na pola gutljaja, dok je ona otvarala vrata druge sobe, da napravi promaju – jeste, odjednom je bilo prevruće u stanu – pomislio sam da je možda suviše hladnokrvna i da se suviše dobro drži s obzirom na našu situaciju. Nisam to očekivao, koji joj je?

Jako me je nešto zabolelo, kao da mi je opalila šamarčinu. Obrazi su mi brideli. Zar joj je svejedno posle toliko godina, takva lakoća, opuštenost, širina? Da li je moguće? Gde si bio i šta si radio pola svog života?

Da li ima nekog frajera, čak sam i to pomislio, i gledao sam za njom, da pronađem nešto, neki mali znak, više bih voleo da joj vidim bar malu suzu, to bi bilo normalno i ljudski, zar ne? To bi bila nagrada, moj mali orden za sve te godine provedene u zajednici koja je u stvari bila dobra, tražim li mnogo? Pa nije naš brak uopšte bio loš, bilo je tu i tamo nekih problema, ali ko ih nije imao?

I, kako je moguće da je baš briga za mene, očekivao sam očajnu ženu, a vidi ti nju?!

Dobro je što nije očajna, hvala joj na tome, ali da ne želi da joj ispričam ništa, ne mogu da verujem i nije mi jasno; samo sam hteo da joj nešto objasnim, kurtoazno, ono što se mora, što ide kao uputstvo za upotrebu budućnosti, bez mnogo detalja koji bi mogli da je povrede, nisam došao ovde da je povredim, nego da joj pošteno ispričam kako mi je, i da je utešim, ako je to ikako moguće.

Ali, vidi ti nju, njoj ne treba uteha, ona ne želi da se potresa, ona ne želi da me potresa. Ona će da uteši mene? Kako je samo superiorna. Zar ti ja više ništa ne značim, prebrzo si me prebolela?

Nisam mogao da odvojim pogled od nje.

Haljina joj je malo tesna u ramenima, struk joj je i dalje vitak, kosa podignuta u punđu, i kuglica na ogrlici, spuštena niz njen lepi vrat, izazovno igra, kao malo klatno, ispod njenog četvrtog pršljena.

Nemoguće da joj je svejedno!

I, onda sam podigao noge na stočić.

V, kao vino.

Ljudi su kao vino. Sa godinama, neki se pretvore u sirće, ali oni koji valjaju, sa godinama su sve bolji.

Ova stara misao mi je pala na pamet, ali noćas nisam siguran u koju bih kategoriju sebe svrstao.

Stavila je činiju sa pastom na sto, i zelenu salatu od nekoliko vrsta sa rukolom odozgo. Seo sam na moje mesto. Pomisao da je to još uvek moje mesto na trenutak mi je izmamila osmeh.

„Zašto se smeškaš?“, pitala je znatiželjno, uvukla stomak, i povukla haljinu nadole.

„Tako“, rekao sam, „lepo je.“ Pokazao sam rukom na sto.

Izvadila je iz frižidera *Columbia Crest Grand Estates Chardonnay* iz 2006, i dala mi da je otvorim. Flaša je bila divno zamagljena, pomazio sam je sa ljubavlju i pažnjom, i otro nežne ledene suze koje su se slivale niz etiketu. „Odlično vino si izabrala“, rekao sam pokroviteljski, „za ovu vrućinu, idealno.“

„Čovek se uči dok je živ“, dobacila je i počela da se smeje.

To je bilo lepo.

Kuc-kuc, živeli. Naučila je nešto od mene.

Volim vino. Vino je moja strast. Skupljam vina. Napravio sam odličnu kolekciju sjajnih skupih vina.

Ona je uvek govorila da sam se pokondirio, znala je ponekad da me pecne da *noblesse oblige**, to jest da me moj ekonomski status obavezuje da kupujem skupa vina i da se time hvalim. Nije da nije bilo zrnca istine u tome. Nisam se nikada hvalio, ali među ljudima koji su to razumeli rado smo pričali o vinima. Divni su to bili razgovori za znalce, možda dosadni za one koji su tu samo posmatrači, ali ja sam uvek uživao. Između ostalog, to je za nas bila i investicija.

Šta, uostalom, muškarac može sebi da kupi? Ja sam kupovao vina. Učio sam o vinima, i napravio sam jednu ne preveliku, ali zaista divnu kolekciju. Koja je ostala kod nas. Kod Vesne.

Kupio sam posebnu vitrinu – hladnjak za moja vina, i u ova dva meseca, otkako sam otišao u novi život, da

* Franc.: Plemstvo obavezuje.

se tako izrazim, mada mi ta sintagma „novi život" zvuči tako otrcano, nekoliko puta mi je, da pošteno priznam, to padalo na pamet. Kako da svoja vina prenesem? I da li da ih uopšte uzimam? To je moja kolekcija, moj hobi, moja investicija. Ponekad mi je pomisao na to bila najblaže rečeno, mučna: da dođem i da počnem da pakujem vina, i da sa tim svojim malim blagom izađem iz našeg stana? Kako se to radi?

Ili, na primer, da svoju tamnobraon vitrinu iznesem celu, da dovedem Cigane sa pijace da to iznesu, a da vina pakujem u torbe? Grozno. I nisam bio siguran kako bih to mogao da unesem kod Ane, nisam je ni pitao, ne znam zašto je nisam pitao, stvarno ne znam, ali pomislio sam, jednom, da ta moja tamnobraon vitrina uopšte ne bi mogla ni da se smesti u njen beli stan, a da se ona tome ne usprotivi, da bi delovala nekako suviše staro, da ne bi nikako mogla da se uklopi, moja vitrina je najblaže rečeno klasičnog kroja sa stilskim nogarima, a njen enterijer je minimalizam i geometrija i belina.

Ponekad imam utisak da sam kao neko žumance u belancetu njenog stana.

I pomislio sam kako je moja kolekcija uglavnom kolekcija crvenih vina, i kako Ana voli belo, i kako Ana ume da pije belo vino, stvarno ume, to te mlade generacije nauče odmah, čim se zaposle, oni piju belo vino svakoga dana, posle posla, Ana ume da pije belo vino, uvek pije belo.

Volim vino, to je za mene kao neki ritual. Otvaranje flaše, mirisanje čepa, dekantiranje, čekanje da vino prodiše, dobre čaše, prvi gutljaj, lepo postavljen sto, oporost vina. Vino se pije u društvu, ne pijem vino sam, nikada.

Pasta joj je bila izvrsna.

Ja sedim na svom mestu, za našim stolom, kao na tronu, kao u našem starom životu, toplo je veče, odlično je svetlo u našoj trpezariji, iako mi se nikada nije dopadao luster koji je Vesna izabrala, morao sam da joj odam priznanje za svetlost.

„Odlično je osvetljenje... Stvarno, baš prija..."

I zaista, uvek je to umela stvarno najbolje, govorila je da je svetlost važnija od nameštaja. I sada, otkrivam lepotu te svetlosti kojom je okupan naš stan, kojim ga je ona okupala, i kažem da je veoma prijatno osvetljenje.

„Umem", rekla je sigurno, i pogledala s ponosom po sobi.

I, onda nastane mala tišina. Znam, milion odsto, da smo oboje u tom trenutku pomislili isto. Da lepotu nekih stvari i nekih trenutaka čovek može da sagleda tek kad ih izgubi, ali nismo ništa rekli. Dovoljno se poznajemo da bi to bilo suvišno, i nekako, čak, i nepristojno za ovo veče, za koje smo se dogovorili da neće biti teških tema, ni velikih reči, na čemu sam joj neviđeno zahvalan. Stvarno je opušteno i divno. Skoro, kao nekad.

Iz naše supersonične kuhinje za koju sam dao čitavo malo bogatstvo, dopirala je prijatna prigušena bela svetlost: ponosan sam na kuhinju koju sam stvorio, i pada mi na pamet kako smo, u stvari, vrlo retko jeli tu, zajedno. Kako sam u toj kuhinji najčešće kuvao kafu ili čaj, i kako ovako, za trpezarijskim stolom, Vesna i ja nismo sedeli, ima tome čitava večnost, možda čak nijednom. Da li je moguće? Da li smo ikada nas dvoje sedeli ovde, za ovim stolom, večerali, ćaskali i pili vino? Treba da ti prođe pola života da bi shvatio tako malu tužnu činjenicu.

Poslednjih deset godina radio sam zaista mnogo – to je značilo putovanja, život u hotelima, ručkovi sa poslovnim partnerima, večere po kafanama, bile su to večere koje obavezuju, obećavaju, utvrđuju stazu uspeha, i možda je i zato naša skupa fantastična kuhinja, koju nam je projektovala čuvena arhitektica, ostala takoreći netaknuta. Hteo sam da je pitam, da li kuva sebi, ali sam odustao, jer bi odgovor bio komplikovan i verovatno tužan. Samo bi nas oboje podsetio na njenu usamljenost, na sve naše odlaske, na našu decu koja su otišla.

Hm, još uvek nismo pomenuli decu, koja više nisu deca.

Možda i zato... palo mi je na pamet kako sve ovo izgleda kao da se ponovo muvamo. Da li me to ona muva? Da li ja to pokušavam da je ponovo šarmiram? Ili muž i žena imaju pravo da se muvaju, da vode ljubav, da koketiraju? Zar nemaju?

Okej, dva viskija i samo nekoliko čaša vina, ali ipak mi dolaze te misli, ne znam šta me je uhvatilo odjednom, hteo sam da je uhvatim za ruku, spopala me je poznata bliskost, hteo sam u jednom trenutku sinoć da joj priđem i da je poljubim u kuglicu koja se igrala na njenom vratu, iz čiste radosti, iz razneženosti.

„Voleo sam ovu ženu", mislio sam, onaj pripiti, rasplamsali deo mene govorio mi je da još uvek imam neka prava, na tu kuglicu, na njen vrat, na želju, da samo treba da joj kažem „dođi", kao i uvek, i da bi ona prišla. Da li bi prišla?

Nisam je poljubio u vrat, ima tome čitava večnost.

Mislim, da me čovek sada pita zašto sam otišao, ne bih mogao da dam valjani razlog.

Napijam se.

„Zaljubio sam se", to sam rekao. I otišao sam, pre dva meseca. Pustila me je, bez drame.

Njen smeh, zvončići.

Čavrljala je o knjigama, o filmovima, o izložbi u galeriji ULUS, o hiperprodukciji kuvara koji su debeli kao neke enciklopedije i o tome kako je ipak najbolja jednostavna hrana bez mnogo pomešanih ukusa, i kako ne može da razume zašto je danas trend da su muškarci kuvari i zašto je od toga napravljena fama i umetnost, ako ne da bi se i na tu temu uzimao „porez na budale“, njen omiljeni izraz.

„Zašto nisi bila ovakva, zašto nismo bili ovakvi dok smo živeli zajedno, zašto ovakvih večera nije bilo odavno“, mislio sam, i prepuštao sam se prijatnom potoku njenih reči, kad me je, iz tog slatko-gorkog sanjarenja, trgao zvuk poruke koja mi je upravo stigla.

Pročitao sam je i vratio telefon u džep.

Mora biti da sam bio bled kao krpa.

„Jesi li dobro?“, pitala je zabrinuto. „Je l' sve u redu?“

Pogledao sam je verovatno onim jogunastim pogledom koji je govorio da su moje poruke moja stvar i da sam, naravno, dobro, da sam odlično, takoreći nepobediv.

Progutao sam ogromni suvi čičak emocija, koji mi je izgrebao jezik i grlo, i zatim sam iskapio čašu, kao da se ništa nije desilo, kao da upravo to nije bio trenutak u kome odjednom više nije bilo mesta za rasplamsavanje ideje o slobodnoj volji, muvanju, zezanju, opuštenosti i lakoći.

A onda mi je odjednom bilo došlo da ustanem i da je čvrsto zagrlim, i da joj ništa ne kažem. I pomislio sam da ne bih morao da joj bilo šta kažem, da ne bih morao ništa da objašnjavam, ona bi sama shvatila da sam odjednom razapet, mali Isus.

Ali ovo veče još uvek traje, i onda je ona slučajno mlatnula rukom i oborila čašu sa vinom.

„Nema veze“, rekla je opušteno, „otvorićemo novu.“

„Ja ću da nam izaberem vino“, ustao sam kao da sam još uvek gospodar naših života, i tog prostora, i svih vina na planeti Zemlji, „otvoriću neko od mojih arhivskih, ovo veče zaslužuje da nazdravimo najboljim.“

I stvarno, kako se proslavlja kraj i početak, kako se proslavlja život, i ono što je u inat njemu, svi ti trenuci uprkos stvarnosti koja nas vreba iza ćoška, momenti koje cinično opisuje naslov *Tomorrow Never Dies**, ako ne ovako, otvaranjem flaše koja je čuvana za specijalne trenutke? Ima li, uostalom, specijalnijeg trenutka od ovoga, sada?

Počela je da se smeje kao luda.

„Nema“, rekla je zagrcnuvši se.

Jedan pramen kose otkačio se s njene punđe i nežno se sroljao preko njenog oka. Rukom mi je pokazala da sednem.

„Šta nema?“, pitao sam, blentavo se smejući.

„Popila sam.“

Sklonila je pramen sa lica i zatakla ga za uvo, na tren se uozbiljila, očekujući moju reakciju.

„Zezaš?“ I dalje sam se smeškao, čak sam bacio pogled iza nje, očekujući, klinački, da se iz kuhinje pomoli neko veličanstveno iznenađenje.

„Majke mi.“ Slegnula je ramenima. „ Popila sam sve što valja. Morala sam da vidim šta te je toliko palilo u tome.“

Odmahnula je glavom, ustala, krenula ka kuhinji, onda se okrenula ka meni.

„A morala sam nekako da preživim“, razmahnula je ruke i u vazduhu opisala veliki krug, „ovo sve.“

* Film *Sutra ne umire nikad.*

Nije bilo velikog divnog iznenađenja.

„Jebote, šta ona to priča, nije normalna."

Otišla je do komode, uzela parče papira i počela da čita.

„Počelo je", pomislio sam, „sad počinje maltretiranje."

„*Chateauneuf du Pape* iz 1998", rekla je pobedonosno. „Evo, dala sam mu pet zvezdica. A sutradan sam popila i onaj iz 2000. Ludilo, taj mi je, čak, i bio bolji."

Zastala je na trenutak, gledala me je izazivački, pa onda kao ludak, a zatim je počela zaista da se zacenjuje od smeha.

Nije se šalila!

Razrogačio sam oči i zinuo, nesposoban da išta kažem. U glavi mi je bubnjalo, a ruke su mi se odjednom oduzele. Ovo je stvarno, ne zeza se! Došlo mi je da urlam!

„Idiotkinjoooooooo!!! Popila si moje, moje, moje vino! Koje sam kupovao sa ljubavlju i pažnjom, koje sam čuvao, arhivirao, koje košta, uzela si moje vino i otvorila ga bez pitanja, kretenkooooooo!!!"

Kakva osveta, urlao sam u sebi, dok je glasove, pucnje i štektanje mitraljeza u mojoj glavi nadjačavao njen glasan, skoro histeričan smeh.

Zacenila se od smeha i uhvatila se za stomak, ostala je bez daha, bio je to trenutak apsolutne, božanske tišine. A zatim je obrisala smeh sa očiju, pogledala me sa pažnjom i veselo, mora da sam izgledao kao čovek na samrti, i mislio sam da ću da se roknem, u najboljem slučaju da ću da se preturim sa stolice i da padnem u nesvest. Osećao sam se kao da me je nokautirala!

A onda je ponovo počela da se smeje. Smejala se tako zarazno, da sam od muke i ja počeo da se smejem.

Nikada ne plači nad popijenim vinom, pomislio sam.

„Ma, neka si popila“, rekao sam, kao da je neki drugi glas govorio iz mene. I to je jedino što je izašlo iz mojih usta.

Iako sam samo prethodne sekunde bio potpuno van sebe od šoka i besa, odjednom je, valjda sa tim smehom, njenim i mojim, sve iscurilo. Ispao sam velikodušan. Veći od sebe. Najveći, ikada. Bilo šta da sam rekao bilo bi jadno. Ne znam kako sam se uzdržao.

I već u sledećem trenu, pala mi je na pamet gomila utešnih pitanja: Za koga sam u stvari čuvao ta vina? Da ih popijem, sa kim, i kada, za koju priliku? Je l' kad nam dođu uvaženi gosti? Koji nam ionako nisu dolazili godinama, naše goste vodili smo u kafane, u otmene restorane, jer se zvanje gostiju u stan smatra nekom vrstom slabosti, ugrožavanjem prostora!?! Ili je trebalo da ta vina popijem sa Anom, koja ne podnosi crveno vino?

Ili, da pijem sam flašu od hiljadu evra, pa nisam toliki gubitnik, Vesna, neka si sve popila! Alal' ti vera što si se toga setila! Koga briga za moju kolekciju?

To je najmanje što je mogla da mi uradi, i nemam prava da kažem ni jednu jedinu reč.

„I, kakva su bila?“, pitao sam to što sam opuštenije mogao, široko, svetski, iako mi je, priznajem, sad, dok ovo žvrljuckam, znajući da me baš sad, Bože, sa velikom pažnjom slušaš, kroz glavu na sekund prošla kalkulacija – koliko li je to u evrima, sabirao sam brzo, ali je uzbuđenje bilo suviše veliko da na kraju nisam uspeo da saberem. Mnogo love. Ali to više nije važno. To već tada nije bilo važno, i znam, bilo je nedolično i bilo je bedno misliti o tome, ali mislio sam, priznajem, i bila je u pravu za sve što mi je rekla.

„Sve sam lepo zapisala, da ne misliš da je popijeno uludo. Fantazija! Stvarno su fe-no-me-nal-na! Sunčici se više svidelo prvo."

Nije mi bilo pravo što je ta pritajena alkoholičarka, koju nikada nisam baš mirisao, i koja izgleda kao neko kome je svejedno šta pije, okvasila usta mojim blagom, ali ništa nisam rekao. Priznajem da bih dobio infarkt na licu mesta da mi je rekla da je neki drugi muškarac pio moje vino. To već ne bih mogao da podnesem sa ovoliko velikodušnosti i olimpijskom mirnoćom kakvu sam upravo prikazao.

Vesna je nastavila da čita.

„Pila sam tvoj hobi, Uroše, to je kao da sam pila tebe", napravila je malu pauzu, kao da joj je na trenutak zadrhtao glas, i ja sam pocrveneo, ali to ona nije videla jer joj je pogled bio prikovan za papir, očigledno je da se ozbiljno pripremila za ovaj susret, i odjednom me je bilo toliko sramota da sam hteo u zemlju da propadnem.

Sva ta moja vina koja je popila, ovaj trenutak, nadrealan, i ona koja čita, drži se za to parče papira da se ne raspadne, zvučalo je to kao najdublja poezija.

„Da ne zaboravim kako mi je bilo dok sam pila tvoj ponos, tvoj ego, tvoj društveni status. Sačuvala sam flaše, da ne misliš da sam nešto tvoje odnela nekom drugom."

Još uvek mi te reči zvone u ušima.

Odmahnuo sam glavom, i zažmurio sam, bilo je to jako, mnogo jako, kao da sam sad, odjednom, popio sva ta vina. Zavrtelo mi se u glavi. Umela je sa rečima, tu je uvek bila mnogo bolja od mene.

„E", isturila je zatim bradu i, podbočivši ruku na kuk, pogledala me je najnevinijim mogućim pogledom. Bledi osmeh joj je titrao na usnama, kao da govori neke setne stihove. „A pre neko veče sam otvorila tvoj ljubljeni *Saint-Estèphe** iz 1996. i mogu da ti kažem da se ipak malkice“, pokazala je prstima to „malkice“ i zažmirila, „osećao tanin, mislim da se to kaže tanin, mada mi to nije smetalo da popijem celu flašu, sama. Doduše, ujutru sam malo imala sindrom rudarske nesreće, glava mi je bila ’ovolika’, ali bila je to jedna romantična noć između mene i Svetog Stefana, kad već ti nisi bio tu.“

Progutao sam knedlu. Gledao sam u stolnjak.

„Znači, zavolela si ih?“

„O, da“, rekla je, sa olakšanjem. Nije očekivala da ću tako hladnokrvno da primim ovu malu osvetu.

„Onda sada, možeš da me razumeš“, rekao sam pokroviteljski.

„Niko, kao ja“, dobacila je spremno, i otišla do frižidera po treću flašu šardonea.

Držeći flašu za grlo, dolazeći iz kuhinje, počela je da recituje, glasno, preglasno, teatralno.

„Ako možeš da zamisliš uništeno delo svog života,
I bez ijedne reči ponovo da ga gradiš...“

A onda je ponovo prasnula u smeh.

V. Votka, zapisao sam.

Nekada sam pio votku, to je bilo moje piće. Vesna je pila viski. Bilo je to pre nego što smo otkrili vino, njegove poruke, njegovu lepotu, oporost, finese, i na kraju možda, njegovu duboku ljudskost. Kao što je neko lepo rekao, vino je kao čovek, može da ima ljudske osobine.

---

* *St. Julien, Pauillac Saint-Estèphe*, čuveno vino.

I, sad mi pada na pamet kako smo nekada čuvali flašu viskija da imamo čime da poslužimo goste kada nam dođu. A sada imamo pića, uvek ima nekog pića oko nas, ali je gostiju sve manje, u pitanju je, valjda, danak savremenoj distopiji.

I sada, na primer, ovde, kod nas, kod Ane, još uvek nismo primili nikoga u goste. Nismo stizali da zovemo goste. Mnogo radimo i kad se viđamo sa prijateljima, to je uglavnom uveče, u restoranu, kao da živimo u Njujorku ili u Londonu, Parizu. Gostoprimstvo se pokazuje u finim restoranima.

Koliko li je sati sada u Njujorku?

V.

Zapisao sam, Vesna, Vino, i Vartburg. I počeo sam da se smejem naglas. Mozak je čudesna mašina.

Vesna je sinoć pomenula naš vartburg. Pored svih tih automobila kojima sam jezdio drumovima, u ovoj noći, meni dolazi iz daleke siromašne prošlosti ta naša prva šklopocija, bež boje, prdi i ispušta onaj gusti oblak smrada, brekće ta šklopocija koju sam kupio na auto-pijaci za neku malu lovu, ne mogu da se setim zašto je to pomenula, nije to uradila slučajno, poznajem je toliko da znam da je bilo neke poruke u tome, ali se sećam kako smo vodili ljubav jednom u toj šklopociji koja je smrduckala na prisustvo prethodnog vlasnika, bilo je to negde na Karaburmi (jeste, ona je to naglasila sinoć, deleći slogove „KARA-BURMA“, i zacenila se od smeha), pre nego što smo se venčali, i kako se u naletu naših strasti odvalio var na sedištu i kako smo pali pozadi, na leđa, kao kornjače okrenute naopačke, i kako smo se smejali.

I, kako je bilo smeha, dok samo jednog dana nismo prestali da se smejemo. Kad smo prestali da se smejemo?

V, azbučno slovo, V ćirilično uvek me je podsećalo na grudi žene koja leži na kant, da se tako izrazim. Dodao sam mu sada dve tačkice, pa izgleda stvarno kao grudi neke rasne lepotice, sa sve bradavicama. „B“. I onda napišem na latinici. „V“. To je genijalno – napišeš azbučno slovo latinicom. Sad bi Ana rekla da sam nacionalista, naravno da nema pojma o čemu govori, ali nisam joj to rekao, jer je nepodnošljiva kada se ljuti. Ona piše isključivo latinicom. Za nju je V – slovo pobede.

Vrlo važno! Za mene je V, Veče, Večeras, Vesna, Vino, Votka, Viski, Venčanje, Vartburg. Voz. Visoke potpetice. Vijagra.

Vijagra.

Nisam nikada uzeo malu plavu pilulicu za lilulicu. Ali sad se sećam jedne scene. Ima nečeg zastrašujućeg u ovoj priči.

Meni to ne treba, ja sam frajer na vrhuncu snage, jak sam kao konj i zdrav sam kao dren i nikada nisam imao problem sa potencijom. Osim kad sam neraspoložen. Tada, što je i normalno, to ne radi. Ne možeš da ga dozoveš kada te smotaju brige stvarnosti, to je poznato, tolike studije su o tome napravljene – pregršt misli razvaljuje taj fini mehanizam, sjebe ti centar za detekciju feromona – brige i tmurne misli skidaju svetlucavu oplatu sa svakog ženskog tela, a muškarac je ionako mučenik, razapeto biće, samo što to danas žene ne razumeju. Niko to ne želi da razume.

Nisam neko ko se svađa, ja kad poludim, samo se okrenem i odem.

Sa Anom sam se retko svađao. Stvarno se skoro nikada ne svađamo. Samo odjednom zavlada mraz, neka nepodnošljiva zima. Zaključila je da nikada od mene neće dobiti to što želi, i da sam promašena investicija. I nisam otišao ja, otišla je ona. Bilo je to prošle zime.

„Ovo je kraj", rekla je, i pogledala me je kao što me nikada ranije nije pogledala, njene plave oči sijale su u mraku, i mogao sam da naslutim da cunami suza tek stiže, ćutala je nekoliko sekundi, gledala ispred sebe, verovatno očekujući da ću nešto da kažem, ali ja nisam imao reči, meni se zaveže jezik, otupim u sekundi, isključim se i čekam da prođe. Postoje takvi trenuci u kojima ti, jednostavno, ništa ne pada na pamet, i bio sam perce koje vetar nosi tamo-amo, nesposoban da se po svojoj volji okrenem na bilo koju stranu, nošen silom sopstvene prirode. Sopstvene slabosti.

I, s obzirom da ništa nisam rekao, da nisam ni znao šta bih joj rekao, ona je izašla i sa treskom zalupila vrata mojih kola.

Popizdeo sam zbog kola. I što je otišla. Bilo je prvi put ozbiljne pretnje u njenom glasu. Krajičkom oka gledao sam kako žustrim korakom zamiče iza ugla.

Uhvatio me je užasan bes pomešan sa iznenadnim olakšanjem. Kao da je s njenim koracima otišla čitava kompozicija nerešenih problema.

„Ludača, razmažena ludača", mrmljao sam, a onda sam dao gas.

Neće mene niko da ucenjuje, pomislio sam i pojačao muziku u kolima. Nije mi padalo na pamet da odem kući. Tamo me je čekala Vesna, verovatno blago nadrkana, zaključio sam to jer me je zvala nekoliko puta u toku dana, a ja sam joj stalno odbijao pozive, i samo sam joj poslao poruku da sam na sastanku i da ne znam kad ću doći.

Bila je to obična poruka sopstvenoj ženi, nisam joj, sigurno, pisao ništa opširno, nisam joj se valjda pravdao!

Mi živimo jedan epistolarni brak, čoveče! To je moderno vreme. Ponekad, nema čak ni reči. Samo sličica, simbol. U budućnosti, svet će komunicirati znakovima. U budućnosti, biće nam dovoljno samo pet prstiju da objasnimo sve.

Nisam ni morao da joj šaljem tu poruku, tako nešto se podrazumevalo kod nas u poslednje vreme. Nisam hteo da idem kući, niko ne ide pravo kući, svojoj ženi i stvarnosnoj prozi, kad se posvađa sa devojkom. Prvo odeš negde i napraviš neko malo sranje, pa tek onda dođeš kući, kad svi legnu i kada nikome ne moraš da polažeš račune.

Šta bih, inače, radio kod kuće? Upalio bih televizor da ne bih gledao njeno lice na kome ni tri sloja pudera ne mogu da sakriju mešavinu mržnje, očaja i nemoći. Tako su izgledali poslednji meseci našeg zajedničkog života, bez preterivanja. To se teško podnosi. Ili bih je gledao kako tiho uzdiše praveći se da je sve u redu i da joj nije ništa? Ili bih, ne daj bože, morao da prisustvujem nekoj sceni koja uključuje i dugoočekivano finale sa pitanjima u stilu „priznaj mi, kao čovek, da li imaš neku vezu". Nisam bio spreman za tu vrstu razgovora.

Brak. Uh. Mnogo komplikovano sve to, odjednom.

Okej, bio sam slab, nesposoban da bilo šta promenim, pogotovo nisam bio spreman tada, i bio sam besan na Anu, nije imalo smisla da odem kući i da maltretiram svoju rođenu ženu sopstvenom nervozom. Toliko sam civilizovan. Bar sam se toliko potrudio. Znao sam da je pravila kolače za Novu godinu, potrudila se da taj naš život i dalje podseća na dobar život, i nisam hteo da joj budem zli Deda Mraz.

Mada, ponekad sam i bio, kad se sad prisetim.

Kad se iznerviram mene napadne želudac. Reagujem stomakom. Bilo mi je muka, odjednom. Bio sam gladan. Rika duše najbolje se smiruje punjenjem stomaka. Popio bih galone nekog pića, odmah. Boleo me je želudac od svega, od sopstvene slabosti, Vesnine očekivanosti, tako sam to tada zvao, od Anine razmaženosti, od života koji me je odjednom preplavio svojom veličinom i komplikovanošću. Ne volim komplikacije. Ono kao „imajte malo milosti prema meni, ja sam samo čovek"!

Kad je Anina figura zamakla iz ćoška, besno sam dao gas i zapalio u život u kome ne postoji ništa osim obećanja.

Otišao sam na splav *Koordinata*, kod hotela *Jugoslavija*. Naravno da sam otišao. Tamo je Vuja pravio godišnju žurku – svake godine krajem decembra organizovao je na nekom splavu veliku pijanku, sa pevanjem: poslovni prijatelji, muzika, piće, srpski standard u nekoliko reči. I još su mu sa Zlatibora, s njegovog poljoprivrednog dobra, dovlačili pršutu, kulen, čvarke i kajmak. I, ako ništa drugo, bar ću videti mnogo poznatih lica koja ne umaraju, možda čak i nekoliko prijatelja, i moje ozeblo srce, i moje brižne misli, ugrejaće vruća proja, alkohol i neki kafanski hit Halida Bešlića.

„Ja sam svoj čovek i mogu da radim šta god hoću i da idem kuda god želim i da sedim sa kim god hoću, jednom se živi", ponavljao sam u sebi da ublažim bes zbog Aninog odlaska.

„Neću o Ani da mislim, sada."

Uzeo sam telefon.

„Otišao sam na mušku proslavu kod Vuje", napisao sam Vesni.

Ne znam šta mi je bilo, jebiga, imam nešto moje, sigurno, utabano, verovatno da sam to pomislio da se utešim, poslao sam joj tu poruku dok sam čekao zeleno svetlo na semaforu. To je u redu. Ona mi je žena. Sekund kasnije, od nje sam dobio povratni smajli, i to me je utešilo.

Ana će biti izbrisana iz moga života večeras, ne, Ana je izbrisana upravo sada, tim smajlijem, Vesninim smajlijem. Kažnjena.

Kad bi žene samo znale kako je lako usrećiti muškarca! Vesna, hvala ti. Uzvratio sam sopstvenoj ženi jednim malim animiranim srcem. I to je bilo tako umirujuće, tako pošteno, tako iskreno. I ispod toga sam napisao: „Zahvalan muž".

Ako ništa drugo, bio sam siguran da sam joj izazvao osmeh na licu. Šta možeš sopstvenoj ženi da daš više od toga? Šta možeš sebi da daš više, od tog maleckog pokušaja da umiriš sopstvenu savest?

Sad sam mirne duše mogao da se prepustim srpskoj prednovogodišnjoj razularenosti. Ali, pre nego što sam ušao na splav, izvadio sam mobilni telefon da proverim da li mi je Ana poslala poruku.

Nije.

Okej, baš lepo! Dakle, tako stoje stvari.

Idemooooooo!

To je bilo to. Baciti se u naručje dimu. Stolovima. Ljudima. Šanku. Muzici. Napraviti simboličku „lastu" i poleteti u slatko bezumlje. Da, idemooooo, rakija, vino, pečenje, hopa-cupa.

Naslonjen na šank, pijuckam piće i primećujem mnoga nova lica. Vujin uspeh u trgovini svinjskim polutkama, malinama, suvim šljivama pribavio mu je ešalon novih najboljih drugova, konstatujem u sebi, ne bez cinizma. Nije li upravo tako i na zabavama koje ja organizujem? Nismo li svi mi, pomalo, nomadi „uspeha". Veličanstvena Srbija! Mada, tako je svuda. Lova je tako privlačna, tako optimistična. Neke od njih znam iz viđenja, neke poznajem kao tešku đubrad iz posla, neki su revnosni saradnici službe, a neki su najbolji gradski snabdevači svežim i mladim mesom. Ne svinjskim, nego devojačkim.

I, naravno, odmah primećujem skoro odred doteranih lepotica. Haljinice sa šljokicama, visoke potpetice, dekoltei, dugačke kose, napućene usne, silikonske najverovatnije, ali dobro izgledaju, orgijaško obećanje, nije da mi je neprijatno, naprotiv! U svetu danas računa se samo seks i novac, zar ne? Nema se vremena ni za šta drugo. Lovci i plen, ali pada mi na pamet da smo svi mi – i jedno i drugo.

Konje ubijaju, zar ne? Filmčina!

I na prvi pogled, ovo je zabava za muškarce, očigledno, nikada ovoliko novih riba na jednom mestu. Odavde, u daljini, vidim onog Jovana iz Privredne komore, javlja mi se, maše, siguran u sebe, oseća se kao veleposednik, dve ribe sede pored njega, trude se oko tog rošavog lica, ali baja, bar se tako priča, ne štedi kada je u pitanju njegovo erotsko zadovoljstvo. Kad li su počeli, mora da su ovde već nekoliko sati, društvo je veselo, i već urađeno.

Dve devojke, na podijumu, vrište „kô da žene brata".

Podigao sam čašu i nazdravio mu iz daljine, kad me je slučajno, izlazeći iz toaleta, u prolazu gurnula jedna ovdašnja Anđelina Džoli, prolivši mi piće. Srećom moj novi džemper ostao je nepovređen.

„Izvinite", kaže učtivo, i mahinalno obriše beli prah sa nozdrve. Znači, kokica već radi, pomislio sam, ali ne za mene. Ne za mene!

Obećao sam sebi još pre dve godine, da koku više nikada neću uzeti. Tada, posle četiri neumerene crte, na jednoj zabavi zatvorenog tipa, sa ovakvim sličnim lepojkama, zamalo što nisam poleteo u naručje Svetom Petru, od tahikardije izazvane neumerenim uživanjima u čarima prestonice. To nije za mene. Koka, ne.

Voleo sam marihuanu, ponekad, kad se vidim sa Goranom i Nenadom, i Željkom, znali smo da zavijemo džoint, pa dunemo, kao nekad, kad smo bili klinci u cipelama sa probušenim đonovima, i posle se kikoćemo kao ludi. S njima mi prija pivkana. To je zabava naše mladosti. A danas je koka u opticaju. Za koku ti ne trebaju prijatelji. Ili slučajni partneri, ili ti ne treba niko. Koka je droga bogatih i onih koji bi to želeli da postanu.

Anđelina mi se nasmešila, trepnula i cupkajući u ritmu čočeka odskakutala do stola, probijajući se kroz divlji ples desetak lepotica koje su vežbale, i odlično uvežbale, igranje za frajere sa dubokim džepovima.

Vadim tompus. Palim ga.

Ima nečega u tom dimu tompusa, bez daljeg. Ribe se na to ovde pale. Kako su namirisale moj dim, tako su se okrenule. Tri devojke, od kojih je jedna izgledala kao Kejt Mos iz Krnjače – prelepo lice, ali katastrofalne cipele, lakovane, bež boje sa platformom debljine cigle, u zelenom svetlucavom haljetku sa golim leđima – prišle su vrlo blizu i počele da igraju za mene. Ili jesi, ili nisi lav! Ja sam lav. Kejt Mos je imala nešto ranjeno u izrazu lica, skoro dirljivo, ali je imala dobro okruglo dupence, i vežbala je tverking* pred ogledalom, to je bilo očigledno. Spremala se za ovakve zabave.

Ophrvava me izvesna ranjenost kad gledam ovu ili bilo koju drugu Kejt Mos iz Krnjače: moj proletersko-marksističko-cankarevski pedigre ne ostaje ravnodušan na priču koja stoji ispod tih lokni, najlonki i plastične tašne – uvek pomislim na kevu i ćaleta koji su joj to kupili, na njene zvezdane snove o tome da će jednog dana, uz nekog bogatog tipa, sve to biti stvarno i pravo. I žao mi je i nje, i tih roditelja, i svih tih devojka, ali ta žalost traje nekoliko sekundi. Oteraš je novim gutljajem. Ili skreneš pogled.

Ana bi rekla da mala izgleda kao sponzoruša. Vesna bi rekla da izgleda kao da je izašla iz nekog filma italijanskog neorealizma, jer Vesna bolje definiše stvari.

Ali jebeš sirotinju, Krnjaču i srpski i italijanski neorealizam, jebeš Anu, i jebeš Vesnu, ne želim da mislim o njima, Nova godina se bliži, svetiljkice blinkaju, muzika trešti i obuzima te kao sisata milfara,** ovo je do jaja, bahanalije počinju, ovali sa hranom samo pristižu, ruke su podignute visoko, želim samo da se opustim i uživam.

I, kako bi bilo da malo počnem da mislim o sebi? Dok sam se pozdravljao sa poznanicima, bacao sam nezainteresovane poglede oko sebe, i devojke su me primetile. „Strašan sam. Zgodan sam baja. Imam dobro držanje, zategnut stomak. Bolje izgledam nego svi ovi frajeri zajedno. Ja sam

---

* Engl.: *Twerking*, novi popularni ples u seksualno-provokativnom maniru, igranje zadnjicom.

** Engl.: MILF, seksualno atraktivna starija žena, u slengu iz 1990. „majka koju bih želeo da kresnem".

mamac za ribe. Mogu da maznem i bukvalno koju god hoću, i ne bi mi bilo prvi put. Ali tek sam stigao, polako, lepotice, ne navaljujte!

Nisam uvek bio tako naložen na sebe. Naprotiv. Siguran u sopstvenu prosečnost i neku vrstu društvene nevidljivosti, proveo sam dobar deo svog seksualnog života. Ali dugi dani na putovanjima, odvojenost od žene, to jest od stola i postelje, kao i promena finansijske situacije, drugim rečima – lova koju sam zarađivao i koja je postala vidljiva, dosta toga je promenila.

Ana me je upravo ostavila. I, uz to, ja sam oženjen čovek, na neki paradoksalan način, to pomaže na ovakvim žurkama. Oženjen sam, ali ne fanatično, jer nisam došao sa ženom, s njom u poslednje vreme izlazim retko, pušim tompus, dobro sam obučen, izgledam kao da me je lako zavesti. Pijem svesno, sa uživanjem, ne ozverujem se.

A ovakva mesta su, bar na kratke staze, *Knjiga smeha i zaborava*, u bukvalnom smislu.

Hej, možda je sazreo trenutak da to napokon pročitam?

Gledaju me ribe, što popravlja raspoloženje i razvezuje jezik.

„Na koga ste tako lepe?“, pitam njih dve koje su mi prišle i stale pored mene za šank. Pitam ih to, kao da sam ćale njihove drugarice, znam da ta rečenica neverovatno pali, jer u isto vreme govori i neću vam ništa, i rado bih vas odveo, jednu po jednu, a možda i obe u paketu, na moju jahtu, u moju vilu, u moju privatnu „cesnu“. To tako izgleda. Scenografija, piće, osvetljenje, muzika, statisti, sve je tu, kao stvoreno za takav vodvilj, ali malene se ne razumeju baš u pozorišne žanrove, njima je to sve stvarno, dekadentni Diznilend.

Jedna od njih dve, smejući se, spušta ruku na moju nadlakticu, i da proveri finoću mog kašmirskog džempera, na sekund ga uhvati vrhovima prstiju i protrlja, misli da to ne vidim, i okice joj se raširе. Pravi je. Znači, prolazim. Gotova je.

Manekenka je, kaže. Model. Mogu da je odvedem odmah, samo ne znam da li već zamišlja da je vodim u Majami ili na Maldive. Pruža čašu za šampanjac barmenu, samo klimne glavom, hoće još, žedna je, usta su joj se osušila pri pomisli da sam njen. Da će me maznuti. Da će opaliti neki selfi za *Instagram*. Izgleda kao da pije pobednički penušavac, ne sklanja ruku sa mog džempera.

Ova druga, koja nije manekenka jer nije dovoljno visoka, stidljivo me gleda ispod oka, ja sam plen koji joj je za dlaku izmakao, drugarica me je maznula, ali veče tek počinje, računa, bez namere da odustane, jer samo najjači ostaju. Srbija ima talenat, i svi ti rijalitiji. Zabavno je, prljavo je, lako je čitljivo. Super je.

Dobro je, dobro je, pomislim, dok preko njihovih glava odmeravam ponudu.

Nerviralo me je što sam za šankom ubrzo video još petoricu istih takvih kao što sam ja. Kolje te kad imaš malo mozga. Dobro, bili su ružniji od mene, ali video sam tu crnu verziju sebe – oženjeni, sjebani ljudi, koji su došli po malo neobavezujuće radosti, kako bi imali sa čim da uđu u novu godinu. Mislim, ne želiš da stojiš pored tipova koji u tebi izazivaju sažaljenje, jer ipak imaš dovoljno mašte da vidiš sebe, za nekoliko godina, u njima.

„To je tvoja tužna budućnost“, pomislio sam i sklonio se odatle.

Seo sam za sto sa Vujom, devojkama, i još dvojicom tipova – jednog sam znao iz viđenja iz nekog kluba u koji sam odlazio ranije, a ovaj drugi, bio je za mene misterija. Nije imao više od četiri banke, pogled mu je bludeo po kafani, možda je već bio urađen, jednoj klinki držao je ruku na mršavoj butini, dok se sa druge strane na njega naslanjala Anđelina Džoli, spuštala mu svoju glavu na rame, i kikotala se, gledajući ka meni, dok joj je on nešto šaputao u uvo.

Probao sam neko domaće crno vino, ali mi nije prijalo, pa sam se vratio viskiju. Oko stola su se smenjivala dupeta u haljinama od lureksa, prolog za grupnjak, pomislio sam, devojčice su stvarno davale sve od sebe, znale su sve reči svih narodnjaka napamet, glumile su da pevaju, zabacivale svoje ispeglane kose, sašaptavale se i slale vrele osmehe i poljupce svakom ko je hteo da ih primi.

Zaborav je divan.

Ali mene je već pola sata peglala neka mala, imala je lepo lice, ne mogu da kažem, krupne crne oči, bordo karmin, kratku kosu, zaista nije izgledala kao ova bulumenta sa izbora za Mis Beli Narcis. Na sekund me je čak podsetila na moju Martu. Možda su isto godište, pomislio sam, i stresao sam se.

Mladost je privlačna, ali zar blizina mladosti nije depresivna, ponekad? Pomisliš na svoje godine. Opali te neka tiha jadikovka, i da bi je ugušio, koncentrišeš se na nešto konkretno. Na njene usne. Ili na oči. Na sise. Na dupe. Pomisliš kako si neodoljiv i kako ćeš je kresnuti. Nju ili neku drugu. Pomisao na seks briše svaku elegičnu poeziju.

Pustio sam da mi priča o tome da studira sociologiju, da je stigla do pred sam kraj, da je zanima, ne sećam se više šta, samo sam klimao glavom, nije umela da se zaustavi. Želiš na takvom mestu da slušaš samo gluposti, viceve, male seksualne aluzije, ili ne želiš da slušaš ništa. Nisam mogao da se koncentrišem ni na šta jer mi se unosila u lice, pokušavao sam da se izmaknem, da sačuvam ono što se zove minimum ličnog prostora, ali mala to nije razumela. Trudila se da ostavi utisak. Ali utisak se ne ostavlja na ovakvom mestu u ovakvom društvu.

Iz usta joj je smrdelo na kiselinu, mnogo belog vina, pomislio sam, i postajala je pomalo naporna, davila me svojom intelektualnom različitošću, pokazivala je prezir prema devojkama koje su igrale, alo, ne vode se nikakvi ozbiljni razgovori u kafani u kojoj trešti muzika! Ali, na kraju, izazivala mi je melanholiju. Zaista nije pripadala ovom sedmom krugu pakla. Pitao sam se otkuda ona ovde i šta želi od mene, a ona mi se drala u uvo da nadjača muziku, nije bila devojka bez svojstava, ali ne možeš nikoga da spasavaš više, ne možeš ni sebe da spasiš, pomislio sam, iskobeljavajući se iz tog zamornog klinča, da se vratim u zagrljaj svetini koja je divljala na pola metra od mene.

„Sine, trebalo bi da nađeš dečka svojih godina“, to je očigledno bio izraz mog lica dok sam ustajao, „ili da, bar, promeniš kafanu“, jer je ona razočarano okrenula glavu na drugu stranu, sručila još jednu čašu belog vina na eks, i krenula da objašnjava Vuji, koji je već bio pijan, možda i pijaniji nego bilo ko za tim stolom, kako se svet menja neverovatnom brzinom, što je, *by the way**, bilo tačno. Svet se menja neverovatnom brzinom. Na primer,

* Engl.: Uzgred. Uzrečica koja se sve češće koristi i u Srbiji.

i kod nas se u svakodnevnom govoru sve češće mogu čuti engleske reči.

Dobri Vuja, nije morao da brine da će biti upeglan, on se uvek ozveri, kao da je na Zlatiboru.

Ja se ne napijam tako, da na kraju zaspim ispod stola. Ja ostajem na nogama.

Splav se malo ljuljao pod mojim stopalima, i bilo je toplo unutra, popio sam nekoliko viskija, ali nisam bio pijan. Samo sam malo zaboravio na sve. To je lep osećaj, ta utrnulost, to malo isključenje.

Svi su pevali neki poznati narodnjak, čuli su se urlici, bilo je to razvaljivanje koje sam čuo iza leđa, čaše, zveket, smeh, aplauzi, pevanje, dopirali su svi ti zvuci do toaleta. Bio sam sâm unutra.

A onda su se otvorila vrata.

I iza mene je stajala devojka. Spretnim pokretom ruke zaključala je vrata. Bila mi je odnekud poznata.

Anđelina Džoli.

Četvrtasta vilica, pogled na pola kapaka, plave oči, verovatno sočiva u boji, pomislio sam, velika sočna usta kakva se danas nose. Nije se čak ni nasmešila. Okrenuo sam se. I pre nego što sam uspeo da udahnem vazduh, Anđelina je spustila ruku na moje nezakopčane pantalone, i zatim, ne dozvoljavajući mi da bilo šta izustim, krenula je ka meni. Njen jezik je već bio u mojim ustima. Nije se lepo ljubila, jezik joj je bio velik i suv, skoro životinjski. Neko je kucao na vrata, i ubrzo je odustao. Mora biti da je otišao da se olakša u ženski WC, ili direktno u Dunav.

Uzela je moju ruku, jebote kako je vešta, podvukla je ispod kratke crne haljinice prošarane srebrnim koncima, tanke kao da je od zavese, i stavila između svojih butina. Bila je obrijana.

Zašto kurvice uvek imaju tanke haljine i po najvećoj zimi? Uzbuđenje i sažaljenje, obećavaju luuudilo?

Umesto plime tela, opalila me je iznenadna, nečuvena plima tuge. Ne zamišljaš svet tako, s njenom rukom koja zavlači tvoju ispod haljinice pod kojom nema ničega od onoga što se naziva kultura. Gaćice su kultura, ili se varam? Izgubio sam korak sa vremenom, ja sam pregažen, i zbunjen.

Nije upalilo. Ostao sam neupotrebljiv. Onda se ona spustila na kolena. Nisam se opirao.

Žmurio sam i pokušavao da zamislim Cecu, njen crni izrastak ispod plave kose, njene svetloplave nokte, njene pogrešne padeže, istinu tog poznatog jebozovnog tela, da bi mi se digao, ali Anđelina Džoli nije uspela da uradi ništa.

Nikad mi se to nije desilo.

„Stvarno mi se nikada ovo nije desilo“, promrmljao sam, pomazivši je po kosi, i onda sam se stresao od tog gesta. Bilo je to patetično. Anđelina je samo trepnula, pridigla se na noge, ona je očigledno bila naviknuta na ovakve situacije. Tek tad sam shvatio da je devojka spremna, u svakom značenju te reči. Zavukla je dugačke prste u unutrašnji džepić torbice koju je nosila po dijagonali, i pružila mi malu plavu pilulu.

Znao sam šta je to.

Nežno sam joj sklonio ruku, zakopčao svoje pantalone, tiho procedio jedno umorno „zaboravi“, i krenuo da otključavam vrata.

„Čika Uroše“, čuo sam je jasno, „mislila sam da vam se sviđam.“

Zaledio sam se. Odakle mi zna ime?

Okrenuo sam se, otrežnjen, u sekundi.

„Ja sam Lukina drugarica iz gimnazije. Sanja."

Pogled joj je bio prazan, nadlanicom je obrisala bradu, i kažiprstom skidala razmrljani karmin oko usana.

Okrenuo sam se, bez reči, i izleteo napolje.

Dok sam išao ka kolima, razduvan od te scene, njenog beživotnog pogleda, njenog razmrljanog karmina, njenog glasa, tog „čika Uroše", i „ja sam Lukina drugarica iz razreda", od moje ruke u njenom međunožju, od gađenja, i pred slikom neke odurne lepote koja je umusavljena, između mene i pisoara, stajala je ponovo pred mojim očima, čuo sam eho njenih reči.

„Mislila sam da vam se sviđam."

I, digao mi se.

Lepo sam rekao da mi vijagra nije potrebna.

G

Gađenje. Glad. Govno. Godine. Galaksija, Galeb.

Gadim se sebe, ponekad. Priča o Anđelini Džoli, napisala je ovu reč.

Gađenje, Glad. Ima to veze. Gađenje je u vezi sa ustima, u vezi sa gutanjem, sa povraćanjem.

Muka mi je odjednom.

Otišao sam do frižidera i nagrnuo ledenu kiselu vodu. U našem frižideru nema ničega osim kisele vode i obične vode. I četiri flaše belog vina. Mala svedena istina. Tako danas izgledaju moderni frižideri. Prelepa bela svetlost unutra, kao neki naučnofantastični hram posvećen praznini. I voda. Mnogo plastičnih flašica sa vodom. Ponekad, salata upakovana u providnu plastičnu kutiju, sveže ceđeni sok od povrća ili bjuti sok, kombinacija šargarepe, đumbira i ananasa, ako se ne varam, takozvani jednodnevni, koji kupujemo u *Sokovniku* na Trgu, ali Ana je već pet dana na putu i nema svežeg soka. Moraću sutra da joj kupim, da je obradujem kad se vrati.

Mi, nas dvoje, ne bismo imali sa čim da odigramo onu erotsku scenu iz *Devet i po nedelja.*

U vratima frižidera stoje Anine skupe pomade, karmini i lakovi za nokte.

Paradoks savremenosti – danas se uspeh meri apotekarski urednim i praznim frižiderom. Nekada, pun frižider je bio dokaz blagostanja, opipljive bezbrižnosti.

Kod nas u kući, frižider je uvek bio pun. Otvoriš naš frižider, i vidiš mrtvu prirodu koja je pravi-pravcati porodični portret. Vesna voli da nakrcava hranu: sirevi, peršun umotan u plastičnu foliju, zelene salate u kesama iz samoposluge, puter, šunka, načete nutele i džemovi, jaja, dinja isečena na kocke u činiji poklopljenoj tanjirom, tost u najlon kesi uvezanoj gumicom, ponekad šerpica sa supom, ostalom od juče.

To nikada nisam voleo da vidim, šerpu u frižideru. To znači podgrejano jelo, to mi je asocijacija na neko siromaštvo, na običnost, na detinjstvo, na kevinu boraniju koju krčka celo prepodne i koju niko ne voli da jede, ali je jedemo jer je ona to kuvala, „u grob ćete me oterati sa tim vašim izvoljevanjem, i boranija mora da se jede" i „hrana se ne baca, jer nismo besni". Ne znam zašto je morala da se jede, i danas ne mogu da podnesem pomisao na boraniju.

Ali mi jedemo uglavnom napolju. Mi nemamo ostatke od juče. Mi se hranimo po restoranima. Ovde, uglavnom pijemo kafu ili čaj, ili sok. Ana ne ume da kuva i ne voli da kuva, kaže: „Zašto da gubim vreme na to, život suviše kratko traje da bih ga trošila pored šporeta." Ona svoju kreativnost ispoljava u kreiranju života kakav bi trebalo da se živi, a ne u njegovim bizarnim stvarnosnim detaljima. Ona kreira slike savršenog života.

Razumem je, život prekratko traje, a toliko toga se nalazi napolju, u bezgraničnom prostoru nove verzije sveta. Svet, koji postaje nova kuća, svejedno da li se jede stojećki na kiosku na ulici ili u nekom finom restoranu sa uštirkanim servijetama, dok kuća postaje mesto gde se drži garderoba, i gde se spava. Živi se pred očima javnosti, kako je to jednom lepo rekla Vesna.

Ona, Ana, ne voli miris kuvanja u kući. Ne volim ni ja, zbilja, poštedite me prženja, luka, ili mirisa sarmi. To su mirisi prošlosti, a mi smo toliko zagledani u nekoliko ponuđenih verzija budućnosti. Jedna od tih verzija je, kapiram, lišena bilo kog organskog mirisa, to je jedan novi naparfimisani matriks koji izgleda privlačno zbog kontrasta crne i bele, zbog zajebanih riba koje znaju šta hoće, savršeno projektovanih Amazonki Novog Milenijuma, kao u istoimenom filmu, i zbog frajera koji izgledaju kao da znaju tajnu života i smrti.

Dobro, možda malo preterujem sa ovim Amazonkama, ali kad bolje razmislim, zbilja, mi smo ljudi opčinjeni prostorima u kojima mirišu fini deterdženti. I, zaista, ovde uvek divno miriše, ona donosi omekšivače vazduha neprestano, to joj je strast, bele naparfimisane sveće: u ovom divnom belom ambijentu, uvek miriše na neki *wellness* centar, na spa, na čisto i otmeno. Na novo.

Moraću dobro da naflintam gajbu da ne oseti da sam pušio ovde. Ne znam od čega su joj zidovi, ali u jednoj stvari je u pravu – stvarno se ovde u ovoj gajbi oseti miris duvanskog dima i kad se jedna jedina cigareta zapali.

Ana ne jede meso, jaja i mlečne proizvode. Zato nema životinjskih proteina u frižideru. Ponekad, pojede malo parmezana, uglavnom na salati od rukole, ili po mrvicu u pasti a la putaneska, inače, trudi se da živi na salatama, na svežem voću i povrću i ribi. Uzdržavanje, savremena askeza, malo usred obilja.

I mene je naučila da se bolje hranim i da bolje mislim o sebi. Nikada nisam bio preterano sklon gojenju, ali sa Anom, zaista, hranim se kao da sam neprestano u nekom rehabilitacionom centru. Oslabio sam nekoliko kilograma otkako sam se preselio ovde, i sada mi tesne majice zaista fantastično stoje. Okej, imao sam i sekiracije, ali radi se, pre svega o promeni ishrane, i načina života.

Svi mi, osvešćeni, jednoga dana ćemo izgledati kao manekeni. Kao Ken, Barbikin verenik. Kad smo sad bili na moru, bio sam dečko za primer, tako mi je govorila Ana: „Ceo Hvar gleda u tebe", osmehujući se svojim blistavim osmehom. Naravno da ti imponuje kad ti to kaže šesnaest godina mlađa devojka.

Vesna mi je sinoć rekla da sam se malo usukao, ali mislim da je u stvari htela da mi kaže kako izgledam mlađe. Podmladio sam se. Ana mi govori da sam se podmladio, i da na to, dokazano je, utiče svakodnevna doza soka u vidu hladne kaše od ceđenog spanaća, kelja i limuna. Nije da je baš ukusno, ali je zdravo. Samo, što nisam to pio ovih dana, malo sam zabušavao. Prekjuče sam pojeo dve porcije ćevapa u Dušanovoj, i popio sam dva piva, i uživao sam kao prostak, ali srećom niko me nije video. Telu treba malo odmora i od zdravlja, pretpostavljam. Ubila bi me da zna da sam večerao pastu sa sosom od paradajza i mesa. Otkako Ana vodi računa o mom zdravlju, uveče nikada ne jedem testeninu. Samo ribu ili meso na žaru i salatu.

Možda zato nisam mogao da spavam?

Ubila bi me da zna da sam večerao kod Vesne. U našem stanu. Da mi je kuvala. Da sam jeo, i pio. I ostao do jedan. Lako se čovek simbolički „razgaći" kad se vrati, bar nakratko, u svoj stari život.

Ali Ana to nikada neće saznati. Nema od koga da sazna. Vesna je nije ni pomenula, i osim toga, Vesna je dama, i nikada me ne bi odala.

Gladan sam odjednom, opet. Potrebna mi je korica hleba, da ubije tu iznenadnu mučninu u želucu, ali avaj!, mi nemamo hleba! Zaboravio sam, Ana ne jede hleb. Hleb se kod nas ne pominje. Nemamo čak ni tost. Ni ostose, ništa, dođavola, to je sranje kad krene da te čupa želudac.

U odeljku za keks našao sam dve bajate galete od pirinča, jednom sam to probao i bio sam zaista šokiran činjenicom da ljudi to jedu, iako ima ukus kartona. Dakle, nema ovde ničega.

U redu, primenjujem Anin provereni recept. Nema tog napada gladi koji se ne može utišati vodom. Odustajem od zalogaja, predajem se, i pijem pola flaše kisele vode. Vukovi u mom stomaku zbilja su utihnuli.

Glad.

Oblapornost je simptom gladi, i nažalost, to vidim gde god se okrenem. Pogotovo, kada je besplatno. Puni tanjiri, pretrpani, žderu ljudi bez reda i smisla, ali i ja, da budem krajnje pošten, nekada nisam bio bolji. Jednostavno, iako jedeš hladnu prasetinu, ne možeš da odoliš, a da ne probaš i škampe, što baš i nije kombinacija koja se slaže, i rusku salatu, i sir, i školjke *Sen Žak*, i pršutu i terin od pečuraka. I ajvar.

Auuuu, moram da prestanem sa ovim nabrajanjem. Da sipam sebi još jedan konjak?

A onda, zasitiš se, svega. I počneš da prezireš brda mesa, roštilj, poželiš fine ukuse, tvoje oči jedu oblike i boje – želiš veliki tanjir, i na njemu nešto malo, želiš nešto posebno, zalogaj koji se lepo slaže sa vinom, želiš malo i savršeno, želiš prijatne razgovore, ne želiš da jedeš u sopstvenoj trpezariji u kojoj uvek ima dodatka, i u kojoj se stalno dešavalo da ti upadne korica hleba u moču od dinstanog goveđeg ribića, pa moraš da je pojedeš. Ne želiš da za stolom slušaš priče o tome da li su plaćeni računi, šta su uradila deca, ko se javio od familije da nešto traži, ko se razboleo, ne želiš više poznati sopstveni život, umoran si od večno istog, ne želiš to, jer si u najboljim godinama, imaš prava da budeš zasićen tim licima koja su tvoja i kojima pripadaš, ne možeš sebi da zameriš što si poželeo promenu, svako ponekad poželi da se ponovo rodi, zar ne?

I, svakoga dana, sve više i u svakom pogledu odlaziš odatle.

Jer, ne želiš za stolom da vidiš podelu života na Obične dane i Praznične dane, želiš da ti svaki dan bude neki mali praznik, jer to možeš da priuštiš. Jer te spopada dosada, obavezni začin svakog braka, jer te muči glad za onim što si propustio, što propuštaš: lakoću, slobodu, nova lica.

I, želiš da te neko služi, i svoje zadovoljstvo plaćaš – tvoj lični prostor, napokon, ponovo je netaknut.

Hrana tako postaje erotsko polje – ali i modno polje. Hladna čorba, na primer, sa krutonima, novi hit. Jedan krak hobotnice. Čia semenke na salati, čeri paradajz, avokado, ove sezone stek na kamenu i jedini začin je krupna Himalaja so. Žuti krompir. Štir. Gledao si to u *Master šefu*. Oboren si reklamama. Jedeš poruke sa interneta. Jedeš modu.

Nema korice hleba koja se umače u sos, nema omazivanja tanjira. Stari običaji koji se povezuju sa opuštenošću i nemarnošću sada su prevaziđeni. Globalna kultura razmrljana je po svemu – od kreveta do tanjira. Sve to kombinovano sa dobrim vinima, zanimljivim ljudima, novim licima. Vrteška koja nikada ne prestaje. Postaneš ogledno dobro za uputstva za život servirana u novinama, na televiziji, na internetu, u filmovima, i uživaš u tome što nema viška nigde, nikada, ni u čemu. Reklama za uspeh.

Upravo tako izgleda moj život. Kao reklama.

Svaki kadar je osmišljen: kadar prozora i u njemu nebo boje akvamarina, zatim sofa boje peska, beli peškir, kola sa svetlim kožnim sedištima, sunce, vetrić koji nežno njiše travu vrišteće zelene boje, blistavi osmeh, koraci u visokim potpeticama po uglancanom mermeru, fragment fasade koja je u čeliku i staklu, krupno slikana čaša u koju se uliva vino, zlatna platna kartica i na kraju slogan – ZASLUŽIO SI.

Nasmejao sam se na ovo.

Zapalio sam cigaretu, povukao jedan dim, oprezno, sve je u redu, samo ću jednu da popušim noćas.

A onda sam nastavio da žvrljam.

G, kao godine, kao govno, kao griža savesti.

„Stigle su nas godine" – to nikada ne izgovara muškarac u mojim godinama osim ako nije dednuo fizički i mentalno. To zapravo niko, ko drži do sebe, ne izgovara. Društvo je obolelo od bolesti koja se zove zaustavljeni razvoj, tako sam pre neki dan pročitao u novinama. Istina, ovo je era infatilnosti. Svi žele da budu deca, niko ne želi da odraste, zašto bih ja bio drugačiji? Moji ortaci igraju dečje video-igrice i na to se lože isto kao kad smo kao klinci skupljali sličice fudbalera. Nose kačkete okrenute naopako, leti sve vrvi od sredovečnih klinaca u šortsevima, sa bandanama oko vrata.

Čovečanstvo je zaglavljeno u neprekidnoj adolescenciji. Starost je neka vrsta osude, simbolička smrtna kazna, put ka društvenom groblju otpisanih. Ne želim tamo.

Niko ne želi da ga „stignu godine". Čak i moja ćerka Marta koja ima dvadesetak godina voli kad joj kažu da izgleda mlađe! Ludilo. Ana ne podnosi da je bilo ko pita koliko ima godina. Vesna čini sve da izgleda mlado, ali, da se ne lažemo, žena od pet banki je žena od pet banki čak i kad nema bore na licu, pošto je odaje život – deca, stvarnost. I ja se samo trudim da plutam sa tokom. Nisam ja to izmislio, tako funkcioniše svet.

Ne znam zašto me to toliko opterećuje u poslednje vreme. Možda zbog Ane, to je sve pojačano, fantazam o mladosti koja je, valjda, prelazna kao kožna infekcija – imam mlađu ribu, družim se uglavnom sa petnaest čak i dvadeset godina mlađim ljudima, i to je super, to je fantastično, osvežavajuće, opuštajuće, fokus pažnje je okrenut na sasvim drugu stranu, teme su drugačije nego u društvu moje generacije, pa ipak, gde god da odem, ja sam najstariji, iako se palim da me to podmlađuje. Nije li to ludo? Ja sam jedan mali srpski, i što bi rekla Vesna, tranzicioni Pera Pan koji više nije siguran u maksimu svih mentalnih adolescenata sveta – da je trčanje dosadno, ali da je trčanje u Pamploni najnoviji adrenalinski hit.

Priznajem: teško je početi nov život, kad na grbači imaš pola veka starog.

Govno.

Bio sam govno, bio sam govno verovatno nekoliko puta u životu, pravo-pravcato govno, i to se trudiš da zaboraviš, da zatrpaš, to je u ljudskoj prirodi. Nikad mi niko nije rekao da sam govno, ali ja znam da sam bio.

Ne računam na događaje, krivine i kloaku u poslu. Bilo je tu svega i svačega. Nagledao sam se govana, i možda sam ponekad i sam bio takav, ali to sebi oprostiš ako ti se govnarluk isplatio. Kinta je neka vrsta simboličkog veniša,* sve fleke skida.

Bio sam govno i sinoć, to je, ponekad, jednostavno, jače od mene.

Govno si kad okreneš glavu na drugu stranu. Tad si najviše govno. Kad se praviš da nešto ne postoji.

Tja, nisam napravljen da budem moralni gigant, to mi je jasno. Nikad nisam bio veći od života, ali pretpostavljam da to i nije neki veliki zločin. Klint Istvud koji se pomalja na konju na horizontu u preriji, da spase svet, samo je arhetip iz stripa. Ne znam šta bih više mogao da rizikujem, i da li sam spreman da rizikujem uopšte. I ovo malo bedno priznanje slabića odjednom mi izaziva gorčinu u ustima.

Dođe mi, majke mi, da sutra pozovem Vesnu i da je pitam da li sam nekada bio govno prema njoj. Ne, bio sam neveran, ali to me ne čini govnom?

G, grudi.

Ženske grudi.

Paljenje, loženje, sanjanje, ljubljenje, lizanje, milovanje, merenje šakom, to je sve što bih imao da kažem o grudima. Iako ne volim prevelike grudi, palio sam se, kao i svi mi klinci, na Mariju Šnajder u filmu *Poslednji tango u Parizu*, ali u stvarnosti, to su uvek bile grudi srednje veličine.

---

* Hemijsko sredstvo za skidanje fleka.

Kad danas razmišljam, prevelike grudi su me uvek asocirale na odraslu ženu, na majku, na život koji je skoro već prošao, a ja se palim na mladost, na život koji će tek da počne. Pa ipak, poslednjih godina buljim u sve te silikonske grudi, u te ribetine sa pneumaticima na grudnom košu, i ne mogu da skinem pogled s njih. Fasciniran sam augumentacijom, konceptom predimenzioniranosti, uvećanja, naduvavanja čoveka, odnosno žene – sa svim tim pumpanjem usana, grudi, a sada kako vidim i dupeta, ljudska vrsta, podvrsta žene, postaje i bukvalno i simbolički lišena prava da bude bilo šta drugo osim predmet za kresanje. Ne čak ni predmet, žena postaje mesto kresanja. Teritorija. Neka vrsta pornografske kabine u koju se ulazi na novčić. Jezivo. I pornografija koja je postala svakodnevica – obećanje za xxx seks koji se plaća, i iluzija da svaki napaćeni sredovečnik opaljivanjem recke na takvom telu postaje lokalni Ron Džeremi.*

Anine grudi. Dva predivna šteneta.

Posmatrao sam sinoć Vesnin dekolte. Bizarno je da sam sebe uhvatio nekoliko puta kako mi se pogled zadržao na njenim grudima. Čak i sad, njene grudi izgledaju odlično.

Menjam temu.

---

* Sredovečni porno-glumac.

D

Dugovi.

Reč današnjice. Dug je najgori drug, i ja volim da verujem da nikom ništa ne dugujem, sa tom mišlju se bolje spava. Samo što to možda i nije istina. Doduše, sve kredite sam zatvorio, kako se to lepo kaže, tako da za sada nemam nekih velikih stresova u poslu. Što se drugih dugova tiče, nisam više ni u šta siguran.

„To mi duguješ", rekla mi je Ana, kada se udostojila, doduše posle zilion mojih poruka, da se vidi sa mnom posle onog raskida.

Sutradan posle burne noći u kojoj me je ostavila i u kojoj sam otišao na proslavu kod Vuje, probudio sam se ogoljen kao šargarepa. Praznina koja me je preplavila bila je tolika da sam i pahulje koje su lelujale u prozoru spavaće sobe, velike kao dečji dlanovi, video u sivoj boji. Jadi sredovečnog Vertera. Da, da, „manje bi patnje bilo među ljudima kada se ljudi – bog zna zašto su tako stvoreni! – ne bi sa toliko upornosti pa i maštovitosti mučili da vraćaju uspomene na pretrpljena zla umesto da podnose ravnodušnu sadašnjost.“*

Moja sadašnjost nije bila ravnodušna.

„Ana me je izgleda zaista napustila“, zvonila mi je ta siva rečenica kroz srce, bilo je to veliko zvono, koje teško zvoni dubokim tonovima za nekim ko odlazi zauvek.

Iz spavaće sobe, čuo sam Vesnine korake po kuhinji, šljapkala je u svojim papučama, i nekada bi me taj zvuk umirivao i činio srećnim, ali sada mi je samo pojačavao duboku tugu. Buđenje boli.

Kada sam prethodne večeri došao kući, mirisao sam na duvan, viski, na tuđe parfeme, mamuran i ošamućen od scene sa Anđelinom Džoli, osećao sam se kao neko ko je iz Tarantinovog *Od sumraka do svitanja* teleportovan u neki film Vudija Alena. Posmatrao sam nekoliko trenutaka Vesnu koja leži na boku i uravnoteženo diše, gledao sam je tupo u polumraku kao da je prvi put u životu vidim.

Odlazak od nekoga mentalno i emocionalno, najbolje se vidi upravo u tom malom trenutku – kad odjednom ništa više ne prepoznaješ. I onda shvatiš gde si, i da je to tvoja žena koja spava snom pravednika i ne čuje ništa, i neće ni znati kad si došao, ni gde si bio, ni šta si radio. I da li je se to više uopšte tiče? Ali, pomislio sam, bar to je valjalo u tom groznom danu, to što nisam imao nikakvu scenu kod kuće, što je sve bilo mirno poput njenog disanja.

Dok sam se svlačio, pomislio sam kako su nesrećnoj Anđelini, očigledno, mora biti, rekli da ide za mnom u toalet i da mi pokloni nešto za Novu godinu, i kako smo

---

* *Jadi mladoga Vertera*, Gete. Prevod Stanislava Vinavera.

bili jedan tužan, slučajni, par u klonji, nas dvoje, dve musave pahulje, mislio sam o mojoj ruci među njenim nogama, o tome kako briše karmin, i nisam jasno mogao da se setim njenog lica, niti imena, i pitao sam se da li je ikada sa Lukom dolazila kod nas, da li sam je možda nekada video na nekoj Lukinoj fotografiji sa ekskurzije.

Onda sam ponovo uzeo mobilni telefon da proverim da li mi je Ana, moja Ana, napisala neku poruku, i video sam da nije, i zadrhtao sam.

Odvukao sam se do kuhinje po čašu vode i spazio sam u dnevnoj sobi, u uglu, Novu godinu koja se došunjala nekoliko dana ranije.

Dirljiva lepota stvarnosti: velika jelka svetlela je u mraku, treptala je u noći, kao neka sirotica iz ruske bajke koja čeka da je primetim. I odjednom sam se osetio usamljeno, kao onaj nasmejani tužni patuljak u podnožju tog drvceta, koji je, kao i svake godine, okružen svim tim ukrasima, kuglama, anđelima koji svetlucaju i crvenim girlandama, gledao u mene zauvek skamenjenog osmeha.

Vraćam se zatim svom životu, na prstima, i ulazim u naš bračni krevet.

Vesnina kosa rasuta po jastuku, tanki pramičci njenog finog parfema golicaju mi nozdrve, ona se promeškolji na boku i navuče jorgan ka bradi. Legnem na moju stranu kreveta i okrenem joj leđa. I osetim njena leđa, na koja se naslanjam. Oslonac? Osetim poznatu, prijatnu toplinu, koja me odjednom razneži. Pomislio sam da bih mogao nešto da joj poklonim za Novu godinu.

I onda se okrenem ka njoj. Stavim joj ruku preko struka i čvrsto je zagrlim, privučem je k sebi. Preplavi me osećaj sigurnosti. Ona se promeškolji i, sanjajući, uzima moju ruku, onu koju je uzela Anđelina i stavila je među svoje butine, poljubi je, i nastavi da pluta po svojim snovima.

Izvukao sam je, nežno je potapšao po boku, a zatim sam tiho spustio jedan mali zahvalni poljubac na njena leđa, i zaspao sam.

Sanjao sam košmar – kako me Vesna napušta, jer beži sa nekim lokalnim Stivom Mekvinom, kolima, kroz pustinju Nevade, i kako trčim za njima koji nestaju u oblaku prašine, i kako posle, odjednom, vučem crte kokaina sa Anđelinom Džoli na prljavom lavabou klozeta iz čije kabine izlazi moja ćerka, i pravi se da me ne poznaje, da me nikada nije videla u životu, i onda, kao sumanut, tražim Anu, i kuckam po ramenima jednu, pa drugu, pa treću devojku, i kad se okrenu, svaka od njih ima nešto Vesnino na sebi.

I, pred svitanje, osetim Vesninu ruku koja klizi po mom stomaku, i kako nežno, prstima, poput nekog opreznog pauka, kreće nadole. I sklonim je.

Ona se odmah dostojanstveno povukla. Okrenula se na drugu stranu, možda je i uzdahnula, a onda je ćutala još malo, i zatim je ustala.

Nisam mogao, tražio sam Anu, u snu.

I kada sam se probudio, vejalo je, i bilo je tiho, samo sam mogao da čujem Vesnine korake u papučama, i da osetim poznati miris kuće, doma, kafe. Zimska idila koja je odjednom nepodnošljiva. Svečanost ponavljanja, smiraja, tihe hibernacije, odjednom, bilo mi je žao i nje i sebe. Došlo mi je bilo da ustanem i da urlaaaaam.

Umesto toga, ustao sam, protegao se, počešao se po vratu i otišao u kupatilo, ponevši sa sobom mobilni. Osećao sam se kao adolescent, sa tim tajnim porukama, pozivima, ali zaboga! Vesna je u kući, ne trebaju mi nikakve scene, ne želim da me bilo šta pita, ne bih to mogao da podnesem sada. Ne bih to mogao da podnesem nikada.

Pozvao sam je. Telefon je zvonio i zvonio i ona se nije javila.

U međuvremenu, čekala me je kafa na pultu u kuhinji. Fina bela šoljica, aparat za espreso pravi savršenu kafu u kućnim uslovima. Vesna se izgubila u vidu lastinog repa, jednostavno je otišla iz kuće, bez ikakve buke. Nismo jedno drugom rekli čak ni „dobro jutro", pomislio sam, mora da je ljuta, ali o tome sada ne mogu da mislim. Zahvalan sam joj što me je ostavila samog da na miru sredim probleme koje imam.

Ana me je ostavila. Nemoguće! Nemoguće, ništa nisam uradio. Ne mogu da shvatim da je napravila frku ni oko čega i to samo nekoliko dana pred Novu godinu, kada su mi ruke ionako vezane i kada ne mogu, jednostavno ne mogu, ništa da uradim.

„Volim te. Javi se. Zvao sam te", napisao sam, ali ona mi se nije javljala. Stavio sam i nekoliko smajlija uz to, i sličicu čaše vina, i detelinu sa četiri lista, i nije upalilo.

Otišao sam u kancelariju, da se zapljunem – kraj godine je i nije bilo mnogo posla, ali se praznična atmosfera u firmi već osećala. Neko je doneo fine pite i pecivo iz obližnje pekare, Laza, moj šofer, doneo je led i mala žurka je već počela, ali moje oči su bile prikovane za telefon.

„Skinuću ti zvezde sa neba."

„Eheeeeej, lepotice, gde si?"

„Ne budi peder!" Nisam odustajao.

„Dolazim po tebe, samo reci gde."

„Ne boj se ničeg."

Kao sumanut, slao sam joj poruku za porukom, i oko tri po podne dobio sam suvi, vegetarijanski odgovor:

„Možemo da se vidimo u *Utopiji* u 17 sati."

Prvo što sam pomislio je naziv bistroa, kakav znak! Loš znak. Idem da obnavljam vezu sa devojkom koja me je ostavila, i to u kafanu koja se zove *Utopija*!!!

Da li je ovo sa nama dvoma utopija? Ne mogu da je pustim. Ne dam joj da ode, i ne mogu da zamislim da život nastavim bez nje. Ali to što živimo nas dvoje, to je poluživot, to znam, ne treba niko, pa ni ona, da mi to objašnjava. Srediće se sve.

Došao sam koji minut ranije, i čim je ušla, lepa kao Viktorijin anđeo, u kaputu od kamilhara, i sa šeširom u stilu Indijane Džounsa, ispod koga su padali pramenovi njene smeđe kose, ustao sam da je poljubim. Bila je moj pokretni praznik. Zamišljao sam ovo pomirenje kao scenu iz filma – ja je ščepam, čvrsto je držim, počinjem da je ljubim, i onda se kamera vrti oko nas, i to je to. Bez mnogo reči, jer šta bi reči mogle u ovom trenutku nego da samo upropaste stvar? Šta oženjeni lik sa dvoje odrasle dece može da kaže svojoj devojci u takvoj situaciji?

Ali ona je izmakla glavu. Imala je te fore i ranije. Nije bila laka za održavanje, sama je to jednom rekla. Da iziskuje trud i pažnju.

Ošinulo me je to njeno izmicanje, ali bila je ljuta i morao sam da spustim loptu. Želeo sam da sve bude kao pre.

„Ljubavi", počeo sam držeći je za ruku.

Pogledala me je sa nekom mešavinom sažaljenja koje nije prvi put pokazala, bilo je to sažaljenje prema mojoj mekoći, i mržnje prema sebi samoj, što je bila toliko slaba da dođe i pogazi svoje reči „da je ovog puta gotovo i da je stvarno kraj".

„Zanima me šta imaš da mi kažeš."

„Volim te."

Nasmejala se kiselo i otpila gutljaj belog vina, koje je očigledno bilo kiselo, jer se namrštila. Ja sam naručio viski. Osvrnula se oko sebe, kao da traži nečiju podršku.

„Nije mi to dovoljno", rekla je gledajući me pravo u oči.

„Ali...", hteo sam da kažem da je voleti nekoga najviše što čovek može.

Prekinula me je, i bolje što me je prekinula, jer sam odjednom shvatio da ne bih znao da završim rečenicu a da ne zvuči ljigavo i otrcano.

„Mislila sam, kad si me već toliko zvao i poslao onoliko poruka..."

„Mislim da ne mogu da zamislim život bez tebe", zažmurio sam na sekund i nagnuo se prema njoj i pokušao da je poljubim, ali ona je ponovo izmakla glavu.

„Ja ovako više ne želim" – to „ne želim" rekla je deleći slogove – „da živim. To ti je jasno? Misliš da se zezam?"

Odmahnuo sam glavom. Ne mislim da se zeza. Preozbiljna je, a ja sam presrećan što sedimo za tim stolom, što mogu da je gledam i što je sve kao pre.

„Ne želim da se viđamo tajno, to mi je ponižavajuće."

Rekla mi je to već nekoliko puta, ali ovoga puta glas joj je bio daleko odlučniji.

„Ne mogu da podnesem da ti budem ljubavnica."

„Ti si moja ljubav", nasmešio sam se, hteo sam da ovom razgovoru dam opušteniji ton.

„Tebi je ovo smešno?", siknula je.

„Nije, sve te razumem."

„Skoro godinu i po dana smo zajedno..."

„Zar nismo srećni?" Nisam mogao da kažem ništa gore, očigledno, jer joj se lice smračilo i dobilo oštar, prekorevajući izraz.

Mogla bi da me sada ostavi zaista, pomislio sam. Mogla bi da me ostavi i da nađe nekog mlađeg tipa. Mogla bi da me šutne i da ne trepne, Amazonka, i ja ništa ne bih uspeo da uradim... Jer, bila je u pravu. Ništa nisam preduzeo, sve je bilo isto kao prvog dana. Vraćao sam se kući, svojoj ženi, svom braku. Životu u kojem ona nije postojala.

„Od septembra mi govoriš da ćeš nešto da preduzmeš, a sada je kraj decembra."

Progutao sam knedlu.

„I ovu Novu godinu, treba da dočekam sama..."

„Nemoj...", mucao sam.

„Ti ćeš lepo biti sa svojom ženom..."

Veče pre toga izgovorila je istu rečenicu, a ja sam na to samo tupo gledao ispred sebe, čekajući da prođe, i nemoćno sam klimnuo glavom. Tada je rekla da me ostavlja i izletela iz kola. Zato je otišla. Nisam, nažalost, našao rešenje ni danas. Šta čovek može da uradi za jedan dan? To je nemoguće. Nisam Supermen, i ne mogu takve svari da se rešavaju preko noći.

Jednostavno, idem sa Vesnom na doček Nove godine u *Hajat*, sa našim prijateljima, to je dogovoreno još pre nekoliko meseci i tu ništa ne može da se promeni. Nema izbora, ali kako da joj to objasnim? Ne može ništa da se promeni sada, kasno je. Mislim da je dodatno popizdela na to „sa našim prijateljima", bilo bi joj lakše da sam joj rekao da ću biti sam sa svojom zakonitom suprugom, ispred televizora. To, „naši prijatelji", mora biti da boli, to mogu da razumem, jer nju isključuje iz svega. Tamo, gde još uvek postoje „naši prijatelji", moji i Vesnini, Ana ne postoji.

„Molim te, razumi me, i strpi se još malo."

Odrečno je klimala glavom i mrdala ustima, govoreći sebi u bradu, reči razočaranja i besa.

„Ne mogu da joj nekoliko dana pred Novu godinu saopštim da je ne volim više, da želim razvod i da sam se zaljubio. Kapiraš? Ne mogu. Nisam toliko govno."

Nisam se usudio da izgovorim ono što sam mislio: ne možeš ženi, sa kojom si u braku 25 godina, iz vedra neba da saopštiš da odlaziš, to moram da uradim polako. Ne želim atomsku bombu nikome.

„A meni možeš da kažeš da moraš da ideš s njom i s vašim prijateljima? Je l' ti shvataš šta govoriš?"

„Daj mi samo ovih nekoliko dana, molim te. I onda ću sve da rešim."

„Duguješ mi to, posle svega". To je rekla.

Progutao sam knedlu.

Da, dugovao sam joj nešto.

Šest meseci kasnije, isplatio sam joj taj dug. Bilo je to onog dana kada sam Vesni priznao da sam se zaljubio, i kada sam je napustio.

Dom.

Više i ne znam šta je to. To kod mene uopšte nema veze sa prostorom, sa stanom, još manje sa nameštajem, dom je nekad bio samo to osećanje, oblačić, pilula za smirenje, instinkt.

D, deca. Deca. Luka i Marta. Moja deca, naša deca.

Kad govorim o deci, to je uvek priča o ocu, pa ću to ostaviti za kasnije.

Tek je 3.20.

Đ

Malo je reči na slovo Đ u našem jeziku, a da mi nešto znače, da me asociraju na nešto. Padaju mi na pamet samo dve: đavo, i đubre. I đunta,* naravno, koja me asocira na genijalnog Gagu Nikolića,** našeg idola, u filmu *Nacionalna klasa*.

Đ, kao đavo.

Dragi Bože, radi se o tome da do ovog trenutka nikada u životu nisam razmišljao o đavolu. Nikada. Niti sam ga pominjao. Uspela mu je, dakle, ona najveća od svih prevara, da nas uveri da ne postoji. Da je nebitan.

Hm, neko je jednom rekao da nikada ne možeš da pobediš demone sa kojima uživaš da se igraš. Tako da, u redu, tu ste me pronašli, draga porodico, prijatelji, ljubavnice! Taj sam.

Izgleda da je demon koji me je najviše spopadao bio demon dosade. Možda sam se zato igrao i uživao u

* Sklop kinetičkog zgloba i nazubljene prirubnice poluosovine fiće. Zbog stalnog preteranog opterećivanja, fića je trošio bar tri đunte mesečno, ili kod svakog trećeg „potpisa".

** Dragan Gaga Nikolić, slavni filmski glumac (1943–2016).

nevaljalim stvarima, kršio sam red, iz dosade, nije li čitava civilizacija o kojoj smo više nego obavešteni, i u kojoj smo više nego zabavljeni, predana upravo tom projektu igranja sa demonima?

„Mir, kao životni koncept, proglašen je dosadnim, bezveznim, nazadnim. Rađeno je to lepo, fino, subliminalnim porukama, da niko ne oseti. Lepo je proglašeno za ružno, ružno za lepo, nenormalno za normalno, zar nije?" Vesna je to rekla.

Čavrljala je sinoć, opsednuta savremenom kulturom, ali to je bilo samo naizgled. Znam je odlično, aludirala je na mene i moj život, mislila je na moje izbore. Vesna je opasan igrač. Uvek je bila.

„Jeste, zaista tako stoje stvari", pomislio sam.

„I, šta sam ja tu kriv? Da, mi se nalazimo u novom svetu, ne osećam krivicu, radije se osećam kao žrtva."

Smejali smo se na ovo. „Uh, jadan ti", rekla je, „baš te žalim."

Prijao mi je taj razgovor. Iako se iz njenih reči moglo nazreti i đubre našeg braka, o kome nismo konkretno govorili, podstakla me je na razmišljanje.

Istina, odjednom, sve je moralo da bude zabavno. Što se mene tiče, to se desilo odjednom – izvesna praznina koju sam osećao bila je ispunjena dohvatljivim spektaklom. I onda se promeni doživljaj sveta. Ako svaki dan nije kao šetnja po nekom simboličkom crvenom tepihu, kao da ne živiš. Nisam to ja izmislio, a tako sam se osećao. Mojih poslednjih nekoliko godina upravo je tako izgledalo.

U krajnoj liniji, zabava je izjednačena s tim – biti raspušten. Nemati obaveze niti obzire ni prema kome i ni prema čemu. Biti večno mlad, neodgovoran, neozbiljan, nezavisan. Život samca, ispostavljen kao jedini model koji se važi, koji se boduje. Sam čovek, ne polaže račune nikome. Raspali to svakog frajera koji prevali četiri banke, a i skoro dvadeset godina je u braku.

Recimo da sam, ne sećam se tačno kada, postao sledbenik tog kulta. Pre toga sam bio, verovatno, sledbenik onog drugog kulta. Doći kući posle posla, trpeti povraćku svoje dece po novim farmerkama, gasiti sijalice da se ne troši struja, provoditi vikende na selu, letovati na rate u apartmanima u kojima deca imaju popust od pedeset odsto, mrviti kikiriki uz televizor, čekati Vesnine palačinke. Širiti svoj miris. Ponavljati isti niz utvrđenih radnji. Pustiti da život teče. Bacati đubre. I onda, odjednom, očajavati zbog te stvarnosti, jer te ona podseća na starenje, na pad, na nešto što zauvek gubiš, svakoga dana pomalo. Poenta je izgleda da se plašiš sopstvene trošnosti. Usuđujem se da izgovorim da se i dalje unerеđujem od pomisli na starenje i na smrt.

Đ, kao đubre. Moj zadatak je u našem braku bio da bacam đubre, naročito u početku. Mali zadatak u zajednici. Dogovarati se sa ženom. Svađati se. Stvarati dom, to je bilo nešto. Imati zajedničko đubre. Bilo je divno i uzbudljivo, sve to širenje prostora, postizanje nečega. Kupovati nameštaj. Praviti police, napravio sam svojim rukama našu prvu kuhinju, i bio sam ponosan na to. Živeti u poznatom. Štedeti za bolji auto. Legati u ponoć, ustajati u pola sedam, ići na posao, i vraćati se kući na ručak. Nameštati garnišne. Gledati decu kako rastu. Ići na večere kod prijatelja, zvati ih u goste, pustiti se, predati se tom „mi“. Mali koraci zbog kojih smo se osećali spokojno i zahvalno. Veliki koraci vode te brže do cilja, ali isključuju lepotu samog putovanja.

I jednog dana, neki glas mi je šapnuo: A gde si tu ti? Bilo je kao u onom starom vicu – probudio sam se i pitao koliko je sati, a đavo je sedeo na mom krevetu, smeškao se i odgovorio kontrapitanjem: „Koliko ti treba?“

Dobar je to vic, ali tako to biva i kad nema viceva, kad je smrtno ozbiljno, kad je stvarno. To se u svetu instant-psihologije zove kriza srednjih godina, pretpostavljam. Jer, kad tvoja deca dostignu onaj trenutak odrastanja u kojem im više nisi potreban, stvari se promene. Poveruješ u onu protestantsku divotu, u tu Luterovu utehu da je najveći problem kada se naložiš da si okej, da baš tada postaješ đavolova baštica, kada o tome stalno razmišljaš.

„Malo greha je lekovito i tera đavola od tebe“, frfljao mi je, okačen o rame, posle jedne orgije u Moskvi, Sven, moj prijatelj Šveđanin, pošto smo ga jedva, na nogama, izvukli iz noćnog kluba u čijem je separeu trima lepoticama dozvolio da mu urade sve što znaju, pre nego što se vrati u Malme kod žene i četvoro dece.

Uzeo sam to zdravo za gotovo. Malo greha je u redu. Niko ne podnosi bezgrešne, je l' tako, Bože? Malo laži? Malo prevare? Malo sujete? Malo svega. Malo ega. Malo srebroljublja. To je uvek malo. Pitam se da li je istinita ona čuvena misao da đavo najviše voli logiku. Ništa se i nije desilo ako za to niko ne sazna? Nije da nisam grešio i pre toga, grešio sam, ali me je grizla savest.

To je sve što mi u ovom trenutku pada na pamet o đavolu. Da se obojica palimo na relativnost svega pod kapom nebeskom. I na prvo lice jednine.

Izgleda da si me inspirisao, Bože.

Neko od vas dvojice, bez sumnje.

E

Euforija, Evropa, ekonomija, emancipacija.

Euforija, lepa grčka reč koja označava veliko kratkotrajno osećanje sreće, strasti ili oduševljenja. Umem da budem euforičan. A nekada sam umeo da budem srećan. Razlika je očigledna. Recimo da su danas sve moje sreće – euforije.

Kratko traju. Odlepim, i posle izvesnog vremena klonem. Hoću još. Demoni zabave loptaju se mojom dušom. Možda me drma depresija, a da toga uopšte nisam svestan?

Emancipacija, ta reč mi pada na pamet. To se, otkako znam za sebe, odnosi na emancipaciju žena.

Izgleda da više nemam pojma o tome. Emancipovane žene danas su nešto sasvim drugo – emancipovana je, sva je prilika, ona mala Anđelina Džoli, to je emancipacija, pravo da bez frke priđeš frajeru i stupiš u takozvanu ekonomiju seksa.

Ona prilazi, i bez ikakvog problema, emancipovano mu otkopčava šlic i uzima ono što joj pripada; felacio, seks u klonji, na ulici, pijane ribe koje se teturaju u donjem vešu i krivim štiklama i padaju pored slivnika na izlazu iz noćnih klubova, dok svuda okolo odzvanja onaj omamljujući slogan nad sloganima novog doba: *Vodafone – Make the most of now.** Tako danas izgledaju slike sa ulica svetskih metropola, vikendom.

Slatka ptica mladosti? Ne bih rekao. Politički pokret emancipovanih golih žena koje protestuju tako što pišaju po ulicama, tako što na svojim golim sisama napišu šta im se ne sviđa? Buljom protiv nepravde? Klitorisom u bolju budućnost?

I, to je emancipacija? Koliko ja vidim, muškarci su pukli. Muškarače, kao politički projekat, i jao si ga majke nama što se još uvek ložimo na prave žene koje čekaju da budu zavedene.

Provalio sam da ima sve više filmova u kojima prikazuju glavnu glumicu kako sedi na klozetskoj šolji, i posle se briše. Na tom tronu zatim slede dugi monolozi ili velike dramske pauze sa divnom muzikom u pozadini, dok ONA sedi na klonji poput savremenog Rodenovog *Mislioca.*

U čemu je erotika takvih scena, ne kapiram. Nikol Kidman u *Široko zatvorenih očiju* ili Kejt Blanšet u *Zabeleške o skandalu*, to mi sada pada na pamet. U čemu je lepota tih scena? Ali koga više zanima lepota, fora je u emancipaciji.

Zašto sam odjednom ovoliko raspaljen?

Zato što sam ostao zapanjen kad sam ukapirao, u prvih nekoliko dana zajedničkog života sa Anom, da nikada ne zatvara vrata kupatila. Bio sam šokiran i skoro uvređen.

* Engl.: Napravi od „sada“ najviše što možeš, u slobodnom prevodu: Uzmi sve što ti život pruža.

„Kakve ima veze“, doviknula je sa klozetske šolje, kad sam je zamolio da zatvori vrata „to je totalno beznačajno, nemoj da si konzerva...“, dobacila je, zabavljena.

Ona mene ne može da razume, šta li?

Ne volim kad mi kaže da sam konzerva, mada jesam konzerva, ali popizdeo sam. Odvratno mi je to. Samo sam prišao i zatvorio vrata.

„Ne želim da znam šta bilo ko radi u kupatilu, kapiraaaaaaš?“

„Ooooo-keeeeej“, razvukla je samoglasnike koliko je mogla, i onda je pustila vodu.

Ne postoji za mene scena koja više utiče na smanjenje libida od te, ali vidim, to je sad i u reklamama vrlo in. Postoji ona jedna reklama gde gole ribe orgijaju u muškoj klonji. Svet se pomera ka instituciji klozetske šolje i bukvalno i simbolički, klonja je postala novi oltar emancipacije?

Nova Botičelijeva *Venera* je u školjki, ali klozetskoj.

Za dvadeset pet godina braka, Vesna i ja nikada nismo imali tu temu. Mi smo stara škola. Okej, ja sam konzerva, ali vrata kupatila i postoje valjda zato da bi bila zatvorena? Koncept bezobalne privatnosti je nešto što me vređa.

„Ne ugrožava to samo moj prostor, nego sva ta otvorena vrata ugrožavaju i tvoj“, objasnio sam joj posle, ali Ana je vrtela svoj pramičak kose, i samo je nezainteresovano slegnula ramenima.

„Nemojmo da budemo nervozni“, rekla je kiselo, a zatim je uzela svoj kompjuter i sela za radni sto, ponašajući se kao da ne postojim.

Pomislio sam, ne bez cinizma, da je verovatno otišla da smišlja neke takve slične reklame o bliskosti. O novoj bliskosti.

„Mnogo si moderna, toliko da je to odvratno“, pobesneo sam bez reči.

To je zaista, za ova dva meseca koliko živimo zajedno, koliko živim kod nje, jedini trenutak da sam zaista popizdeo.

Primetio sam, takođe, nešto vrlo zanimljivo: emancipovana žena danas se ne svađa i ne raspravlja, nego lepo samo uzme svoj laptop, uključi njega i isključi tebe. Pokaže ti da si zamenjiv. Da si jedna od igračaka.

Uh, preterujem. Nije baš tako. Nije tako, nego sam se sad raspalio.

Ana je super. Volim je. Samo sam malo potresen večeras.

Ali lucidniji sam nego inače.

Emancipacija u biti znači oslobađanje od ropstva, od zavisnosti, u kolokvijalnom govoru koristi se danas u smislu osvešćivanja i napredovanja od zastarelog ka novom i modernijem. Kaže se čak da se neko emancipovao – jer ne nosi više bele čarape na crne cipele!!!

Smeškam se sad, jer mi je pala na pamet prijatna misao: čini mi se da se Vesna malo promenila za ova dva meseca, postala je mekša. Otkako smo se rastali, nešto se desilo.

Emancipovala se od emancipacije.

Ž

Život, mali život, veliki život. Običan život. O životu razmišljam samo u krizama, u teškim trenucima. Pošto o životu razmišlja onaj ko ga nema? Onda kad pomisliš da si ga izgubio, proćerdao, tad razmišljaš o tome kuda si krenuo, i dokle si stigao. Ili, kad se uplašim, kao sada. Inače, ne razmišljam, nemam vremena, živim ga. Pa ipak, iz nekog razloga sada, u ovom trenutku, imam izvesnu gorčinu kad pomislim na sebe i svoj život.

U stvari, ne znam o kom životu više mislim. O starom životu, od koga sam se emancipovao, ili o novom životu? Moja dva života, sijamski blizanci.

Moj novi život se u ovom trenutku svodi na ovu sliku: jedan sredovečni odlično držeći mužjak, koji se prepao da je na pragu infarkta, sedi u gluvo doba vrele avgustovske noći u prelepoj sobi u kojoj nema ni jedne jedine sitnice viška, go do pojasa, u šortsu, nogu podignutih na stočić ispred sebe, sluša radio, pije konjak i priča sam sa sobom.

I srećan i nesrećan. Uplašen i pomalo utrnuo. Lucidan i pomalo pijan. U drugoj sobi, gde se nalazi veliki francuski ležaj, američki plakar, traka za trčanje, komoda sa bešumnim fiokama, iznad koje je okačena ogromna crno-bela fotografija Fride Kalo i Dijega Rivere, tik pored tog kreveta, stoje dva kofera.

Ceo njegov život.

Želeti.

Želim:

Da brzo svane, da sutra bude malo manje vlage u vazduhu, da se naspavam, da se probudim zdrav. Želim da mi se više nikada ne desi ova panika. Želim da od sutra ponovo dobro spavam. Da ponovo osetim lakoću. Da se smejem. Da ne razmišljam o velikim strašnim temama. Da prestanem da se kamdžijam. Da oprostim sebi i svima ostalima. Da se pogledam u ogledalo i da mogu da se osmehnem.

Želim, želim. Želim.

Prošlo je milion godina otkada me je neko pitao šta želim. Bila je to Ana.

I, možda je to pitanje bilo presudno da ukapiram da se zaljubljujem. Pomislim, kako me niko to nije pitao, Vesna me to nije pitala nikada. Ili jeste, možda, jednom. Kada smo ležali na travi, na Kalemegdanu, tamo iza Vojnog muzeja, i cerekali se, pričali gluposti, bilo je to dok smo se još uvek zabavljali, i tada me je pitala šta želim.

Nisam siguran da sam joj dao neki preterano romantičan odgovor, mada sam, kad sam bio mlad, znao da budem romantičan. I posle me je pitala, kad je bila u poodmakloj trudnoći, šta želim. Stavila je moju ruku na svoj stomak, i to me je pitala.

„Želim ćerku“, ispalio sam kao iz topa.

Nasmejala se i pomazila me po obrazu.

„Biće sin, osećam to."

I, više me nije pitala. Zaboravila je da me pita šta zaista želim. Pitala me je šta želim za ručak, ili šta želim za rođendan, ali o drugim željama se nikada nije govorilo, jer iza svake želje krije se neko nemanje. Žene govore o željama, deca govore o željama, a muškaraci ne govore o onome šta nemaju, pošto ne smeju da budu detinjasti, ili slabi, ili neostvareni. To se ne toleriše. Niko te to nikada ne pita. Možda zato jer niko ne želi da se bavi tvojim željama. To te, kad si mali, pitaju jedino zbog Deda Mraza. I posle, odjednom, to prestane. To pitanje je nekako višak među ljudima, pošto se, izgleda, svaki spisak želja u stvarnosti pretvara u spisak razočaranja? Jer se želje, uglavnom, ne ispunjavaju?

Ali Ana, Ana me je to pitala.

„Šta želiš?", pitala je dok smo pijuckali šampanjac u kafani *Kod bele Kamile*, u Beču.

„Ja?", bio sam iznenađen.

Vrtela je pramičak kose oko prsta, nalakćena na šank za kojim smo sedeli, posle izložbe Fride Kalo u galeriji Banke Austrije, pet minuta hoda odatle, puni utisaka.

„Ti", osmehnula se, „šta želiš?"

Zagledala se u mene, oči su joj bile dve modre šljive, lice joj je bilo opušteno i blago, pogled obojen Fridinim bojama, tim slikama, tom pričom o ljubavi i bolu. Oko nas je bio taj enterijer stare apoteke, Beč, secesija, slatki žamor, divno žutilo svetlosti, gledao sam njene predivne šake, i zatim to divno lice mlade Džejn Birkin, nas dvoje, ljubavnici, pobegli od svega, tačnije, ja sam pobegao od svega, ona nije imala razloga da beži ni od čega, i bila je to jedna kriška života, zaher* trenutka takoreći, tri dana u *Hiltonu* sami na svetu, izuzeti iz stvarnosti.

„Želim tebe."

„Imaš me", rekla je i trepnula, zatim je gucnula šampanjac, i dodirnula mi ruku, nežno, najnežnije.

Kad se zaljubi, čovek zaista podetinji.

„Želim da ovo nikada ne prestane", rekao sam.

Nije to bilo bog zna šta, toga sam bio svestan, ali teško čovek koji je srećan može da konkretizuje ijednu svoju želju. Sreća ti otima reči. Razvodnji ti misli. Samo sam se nagnuo preko šanka i poljubio je. Bio sam dirnut što me je to pitala, bio sam srećan, da, zaista sam to želeo, i zaista sam to poželeo, ali reči su čudo. One su opasnost i spasenje. Otrov i lek. Moraju da se uzimaju pažljivo, kao u apoteci.

Da sam rekao „želim da ovo traje zauvek", ova scena, ovo osećanje, i to kako me gleda, to kako nam niko ne treba i kako nam ništa više ne treba, ta mala topla žuta kapsula trenutka, bilo bi neuporedivo bolje, bilo bi istinitije.

Ali ja sam rekao „želim da ovo nikada ne prestane", i te dve negacije u toj rečenici, koje su se poput glista iskobeljale iz mulja moje podsvesti, već u sledećem trenutku upalile su u mojoj glavi samo jednu jedinu majušnu crvenu sijalicu, na kojoj je pisalo: „Lažeš!"

Ljudska priroda je čudo. Nisam lagao, ali bilo je jedno „ali", čak i tada. Istog trenutka počeo sam da mislim o tome kako je nemoguće da želim da ova scena za šankom traje zauvek, opšte mesto, nije čak ni dosetka, nemoguće je da nešto nikada ne prestane, to je glupost, mislio sam

* Nem.: *Sachertorte*, čuveni bečki kolač sa čokoladom i džemom od kajsija.

kako je nemoguće da išta traje zauvek, kako se ovaj trenutak završava za dva dana, kada ćemo, svesni činjenica života, obaveza, stvarnosti koja traži obzirnost, sesti u moja kola, ukrasti još šest sati raspuštenosti, slobode i zaborava do povratka u Beograd. I kako ćemo se vratiti svojim životima.

Kako ću se ja vratiti svom životu, i kako ću se vratiti svom braku i svojoj ženi kojoj sam rekao da idem na službeni put, i koja me je zamolila da joj kupim mocart kugle, moja žena je skromna, nikada nije imala preterane zahteve za poklonima, ne mogu da joj to ne kupim, i pomislio sam kako tu kupovinu moram da izvedem tako da Ana ne vidi, jer ne bi imalo smisla da svojoj ženi kupujem poklon pred njom. Dramaturgija stvarnosti, koja ne može da se izbegne.

Pitala me je šta želim, i nisam baš bio siguran da li sam se tačno izrazio.

I ti, Bože, da me sada to isto pitaš, ne bih znao šta da kažem.

Z

Zajedno. Mi smo zajedno. Zgodan izraz da opiše sve ono što jeste, ali i ono što nije. Ana i ja. Mi smo zajedno. Već dva meseca živimo zajedno, i već skoro dve godine smo zajedno. Kad sam bio klinac, govorili smo: mi furamo, mi se zabavljamo, ali za čoveka u mojim godinama, koji je u vezi sa šesnaest godina mlađom devojkom, zabavljati se može da ima i negativno značenje. Nije mi služila za zabavljanje, mi smo se zabavljali, zajedno.

Volim Anu. Ona je moja devojka. Ona je sada moja žena, iako imam ženu, na dvadeset minuta hoda odavde, koja je još uvek moja žena i na vratima tog stana stoji moje prezime, i tamo je i dalje sve moje, sve naše, iako sam joj sve ostavio, tačnije iako sam sve ostavio. Tako odlazi gospodin, valjda.

Zaljubljivanje.

Ima ona gotivna misao kako je prva najbolja stvar u životu – zaljubiti se, druga najbolja stvar je voleti, i treća najbolja stvar je odljubiti se, jer je najgore nikada ne biti zaljubljen. Velika istina.

Mada, u ovom trenutku mi je smešno da ozbiljan čovek od pedeset dve godine citira takva opšta mesta iz laganih romantičnih filmova.

„Ja sam se zaljubio" – to je ta rečenica koju sam rekao Vesni pre dva meseca i koja mi još uvek odzvanja u glavi. Rečenica koja mi je otvorila vrata, i oslobodila me.

Nisam ni sanjao da će biti tako lako. Da će biti tako bezbolno. Da neće biti scena, treskanja vratima, lomljenja porcelana, vrištanja. Pretnji samoubistvom. Proklinjanja. Vređanja. Da neće biti nikakvog Rata Rouzovih. Da neće zvati decu, sva u suzama, da neće biti emocionalnih i bilo kojih drugih ucena.

Pre toga, tri dana nisam dolazio kući. Doneo sam odluku, reći ću joj. Ana me je pritiskala, s punim pravom.

Bio sam sa Anom. Ova agonija mora da se završi, tim pre što sam išao da upoznam njene roditelje u Aranđelovcu, gde su me dočekali kao zeta, što me je malo, priznajem, zbunilo – ne znaš kako da se ponašaš dok ti divni ljudi, malo stariji od mene, profesori u gimnaziji, sipaju kafu i nazdravljaju ti rakijom, a tvoja žena, tvoja rođena žena te zove telefonom.

Dva puta sam joj odbio pozive. Popizdeo sam. Odlučio sam da joj se uopšte ne javim, ali palo mi je na pamet da će da zove bolnice, policiju i da će da digne paniku, što mi stvarno nije bilo potrebno.

Onda sam je udostojio jedne poruke.

„Na službenom putu sam, dva-tri dana."

Nikada u životu nisam bio tako osion i tako drzak, bio sam ljut zbog nečega, imao sam razlog, alibi, hteo sam odjednom da je stresem sa sebe, nju, telefonske pozive, naš život, brak, svo to polaganje računa, svo to društveno prihvatljivo peglanje, obaveze. Prošlost.

I tu napetost, taj pritisak koji me je napinjao sa svih strana.

Morala je do sada već da shvati! Morala je da shvati. Učinio sam sve da shvati da sam tamo negde, ko zna gde, na nekoj drugoj planeti, da odlazim dušom i telom, da sam otputovao, nestao, iščezao, da sam novi čovek koga ne poznaje, koga nikada nije upoznala, koji i nije postojao, da sam novorođeni, da me je rodila ta ljubav, Ana. I već nekoliko meseci pokušavam da je navedem da zaključi sama da imam neku vezu, ona je pametna žena, morala bi to da shvati i da mi onda napravi scenu, i da mi onda sve bude mnogo lakše, da ona kaže „dosta je".

To se zvalo navođenje na zločin, ali nije mi uspelo. Ona se pravila da to ne primećuje.

Mesecima je nisam dotakao. Izbegavao sam na sve načine bilo kakav fizički kontakt. Dobro, jesam jednom, jednom smo vodili ljubav za tih nekoliko meseci, ako ne računam ono za Novu godinu.

Jednom samo, od Nove godine, desilo se to samo jednom. Valjda sam hteo, ne znam ni ja šta sam hteo, bilo mi je žao nje. Bilo mi je žao nas. Hteo sam da budem dobar. A bio sam govno.

Šta, pa nije me grizla savest, bili smo u braku, živeli smo zajedno.

Sećam se kao da je bilo juče: bila je subota po podne. Sneg se topio na ulici, mart je bio ljut, došao sam sa jednog poslovnog ručka i dremuckao zanjihan flašom crvenog vina koju sam sljuštio u zadovoljstvu, jer je posao bio sklopljen. Na televizijskom ekranu promicala je neka utakmica italijanske lige, bez tona. Mnogo divne zelene boje koja mi je odmarala oči, a na radiju su puštali Elvisa, Etu Džejms i ostalu ekipicu idealnu za dremku zadovoljnog opuštenog čoveka. Niko me nije uznemiravao.

Ana me, uglavnom, vikendom nije zvala telefonom, tako smo se dogovorili, da mi ne pravi probleme dok ne izaberem pravi trenutak da rešim celu situaciju sa Vesnom, pa sam odjednom u sopstvenoj kući, u sopstvenom braku, bio srećan kao dečak. Ana je bila otišla kod svojih u Aranđelovac, i ja sam posle dužeg vremena bio bez obaveza.

Vesna je u nekadašnjoj Martinoj sobi, od koje je napravila sebi radnu, pisala scenario za neku svoju dokumentarnu emisiju. Niko me nije dirao.

U stanu je bilo toplo, prijatno i opušteno, bilo je to kao uspomena na staru idilu koja te nekako razgali. A dobro sam se osećao i zato jer je tog dana nisam slagao kad sam rekao da sam bio na poslovnom ručku. Lažljivac voli kad ima priliku da kaže istinu.

Malo smo, inače, pričali tih dana, uglavnom samo ono što smo morali, što spada u beznačajnosti svakodnevice, kako si, kako je bilo, šta ima novoga, da li se javljala Marta, šta kaže Luka, i to je uglavnom bilo to. Retko smo, zapravo, u punoj svesti, uopšte i bili zajedno. Uglavnom, samo ujutro, ili noću. U međuvremenu, svako je vodio svoj život. Mnogo sam radio, bio sam često na službenim putovanjima, a kad nisam putovao, izmišljao sam putovanja da bih bio sa Anom.

Skuvala mi je kafu, i spustila je na stočić pored mene.

Srećan čovek, opušten čovek, vidi lepotu u malim stvarima.

Imala je farmerke i moj stari sivi džemper na sebi, uvek sam mislio da je veoma seksi kad žena obuče muški džemper ili košulju ili pižamu (jao, pižama sa opuštenim lastišem!!!); kosa podignuta u punđu, rukavi zavrnuti iznad lakata, pramen kose koji joj pada na obraz, bez trunke šminke, u krznenim pantoflama.

Dok je spuštala kafu na stočić, osetio sam mešavinu njenog parfema i njene kože, mirisala je na puter i vanilu, na nešto ubistveno ženstveno i nežno i ranjeno, i poznato. I moje. Samo moje.

Učinilo mi se da je uzdahnula, i odjednom me je preplavilo neko čudesno osećanje koje je bilo mešavina sažaljenja, najlepših uspomena, žala za dobrim starim vremenima i iznenadne potrebe da budem dobar. Da joj bar malo, dok još mogu, dok sam još tu, ulepšam život.

Uhvatio sam je za ruku.

„Dođi."

I, došla je.

Sela je pored mene i gledala me je svojim lepim očima u kojima sam video sve, sve, sve što nikada nije izgovorila, i video sam našu mladost, i sve ono razduvano, prohujalo, što se više nikada neće vratiti, vetar i more, i snegove i sva naša mala sunca tamo i ovamo, i sklonio sam joj loknu sa oka i zatakao sam joj je iza uha i poljubio sam je.

I, na radiju je pevala Patsi Klajn, „*Crazy for loving you*",* i Vesna je uzdahnula, i prošaputala „luda sam".

Volela me je, to sam video prvi put posle toliko vremena, i to saznanje me je uzbudilo.

Skidao sam joj džemper polako, kao kad smo bili mladi, kao kad smo sve ludosti ovoga sveta rešavali dodirima,

---

* Engl.: Luda što te volim.

i vodio sam ljubav sa svojom prošlošću, bila je to poslednja večera za nas dvoje, znao sam to, poklanjao sam svojoj ženi poslednji put nežnost koja sada pripada drugoj, hteo sam da je utešim, hteo sam da mi oprosti, hteo sam da popravim sve ono što se više nije moglo popraviti. I ljubio sam je ludački i strasno, jer to su bili poljupci za rastanak od tog tela koje je bilo moje, svih tih godina, i mazio sam njenu baršunastu kožu, i ljubio sam njen vrat i sve mi je bilo uzvraćeno, svakim milimetrom njene kože.

And I'm crazy for loving you
Crazy for thinking that my love could hold you
I'm crazy for trying and crazy for crying
*And I'm crazy for loving you.**

I osetio sam njene suze na svom ramenu.

Srećan i nesrećan, srećan u toj nesreći, i nesrećan zbog te iznenadne sreće, bio sam čovečuljak koji se usrao od svog sopstvenog života, u kajanju zbog svega. Zbog ovoga sada, zbog onoga pre, zbog onoga što ide posle.

I, onda smo ćutali, dok su se smenjivale pesme na radiju. Ruke prebačene preko njenog struka, zurio sam u zelenu travu fudbalskog terena gde je neko upravo dao gol.

„Da li me voliš?", pitala me je tiho.

Ćutao sam nekoliko sekundi. Nisam znao šta da joj kažem. Voleo sam je ali odlazio sam od nje, jer volim nekog drugog.

„Da, naravno", to je jedino što sam uspeo da kažem, i znao sam, istog sekunda sam znao da sam opet uprskao

* Engl.: Luda sam što te volim / Luda što mislim da moja ljubav može da te zadrži / Luda što se trudim i luda što plačem / I luda što te volim.

trenutak, da je čarolija nestala, i da se, umesto nje, pred nama oboma stvorio pacov ovog trenutka koga ćemo se sećati sa gorčinom i tugom.

Ustala je, stideći se sebe, nas, tog trenutka, otišla u kupatilo, a zatim se bez reči zatvorila u svoju sobu i nastavila da radi.

Ranije sam otišao na spavanje, gledao sam da legnem pre nje, uzeo sam knjigu i čitao u krevetu, i kad sam čuo njene korake, ugasio sam svetlo i pravio se da spavam, iako sam se do jutra pitao šta ja to radim, šta mi je sve ovo trebalo, kuda idem i da li sam normalan.

„Varaš Anu“, govorio mi je jedan glas, dok mi je drugi, malo hladniji, šaputao „sa Anom varaš Vesnu“, koja je, pazeći da me ne dodirne u krevetu, nekako povratila svoje dostojanstvo i pravo da mirno sanja.

Nikada me više nije pitala da li je volim.

I, posle toga, vreme koje nam je preostalo pretvorilo se u slike raspada, u mržnju, u ćutanje, u spuštanje; mrzim taj stan, tu kuću, gledam da sam što manje tamo. Dolazim kući, i ležem u krevet, pored nje. Ona se više ne okreće ka meni, ne želi da me dodirne, i to mi odgovara. Ponekad tiho hrče i ja je munem laktom. I, ona cimne jorgan, besna je i kad spava, to osećam, i mrzim je, i mrzim sebe u tim trenucima jer nemam snage, još uvek, da joj kažem.

Dolazio sam kući kasno, mirisao sam na Anu, na Anin parfem, na Aninu mladost, na Anine omekšivače vazduha, na njenu posteljinu, na njenu žeđ i na moju glad, mirisao sam na srećne i bezbrižne trenutke koje bismo provodili u nekom otmenom restoranu, glava visoko u oblacima, gde sam zaboravljao na obaveze, na to da kod kuće imam ženu kojoj moram da kažem šta sanjam i šta mi se događa, mirisao sam na zaljubljenost.

Bilo mi je jasno da i Vesna izbegava da nam se sretnu pogledi. Nikada me nije dočekala otvorenih očiju. Pravila se da spava kad sam ja ustajao. Puštala me je da odem na posao, i već je počelo da se podrazumeva da neću doći na ručak. U ono malo trenutaka koje smo ovog proleća proveli zajedno bilo je frktanja, bilo je cinizma, bilo je gorčine, esencijalne, smeštene uvek u samo nekoliko reči, kroz zube, da ne bude suviše očigledno našim prijateljima, ili mojim poslovnim partnerima sa kojima smo nekoliko puta morali da idemo na večere.

Rušio sam naš život, ne bi li ona opalila macolom poslednji udarac. Ali nije. Čekala je. Možda je čekala da me prođe. Ljudi to čine, žene pogotovo.

I, spremiš se za pizdariju, a dobiješ neku otmenu, skoro skandinavsku, porodičnu dramu.

Nema povišenog tona. Bergman u Beogradu. Dugi pogledi kroz prozor, tišina, nedovršene rečenice, i onda, one koje su dovršene. Dramske pauze. Suočavanje sa činjenicama, *shit happens*,* niko ništa nije planirao, niti je iko želeo ikoga da povredi. Mi smo civilizovani ljudi, nećemo se u tako delikatnom trenutku pičkarati, niti ćemo jedno drugom ispostavljati spisak povreda, emocionalne dugove, niti ćemo se baviti krivicom, mada ja sam taj koji je učinio sve da ona ukapira, da ona ukapira, da joj postane jasno, danima, čak i mesecima pre nego što sam smogao snage da, kršeći ruke na kolenima, zagledan u njene nožne prste, divno nalakirane krv crvenim lakom,

* Engl.: Sranja se događaju.

u sandalama koje je tog dana kupila, izgovorim rečenicu od četiri reči koja ruši svetove. Koja je srušila naš svet.

Koja je srušila njen svet.

„Vesna, sedi, moramo da razgovaramo."

„Vidi, danas sam kupila nove sandale", kaže i ispruži nogu, isturi svoje lepo stopalo, kao da ne zna da će u sledećem trenutku pasti atomska bomba koja će razoriti sve. A zna.

Da bi mi bilo lakše, pokušavam da ubedim sebe kako je jadna, kako je zaslužila da je ostavim, i jadno mi je odjednom to njeno stopalo sa nalakiranim noktima, čovek jednostavno mora da se uhvati za nešto, i ne mogu da je gledam, jer ubeđujem sebe da je ružna i dosadna i stara i da me guši, i da nimalo nije savršena ni bezgrešna, i da je patetična sa tim sandalama, novim, jebe mi se za tvoje sandale, ugušiću se, ništa više nije kao što je bilo, ne zamajavaj me, nema nam pomoći, mi smo se već survali, znam te tvoje fore, došao sam da ti napokon kažem da ne želim više da živim sa tobom, da je moj život sa Anom gotova stvar, i da me ništa neće zaustaviti u toj mojoj odluci, u mojoj potrebi da započnem novi život sa nekim koga volim, i ko me čini srećnim i mladim, i prestani da se praviš da je sve u redu kad znaš da ništa nije u redu, napadni me, lavice svemoguća, kao što me uvek napadaš, ovo je teško, bolje bi bilo da ti počneš da govoriš, gukni! Reci bilo šta, prekini ovu nepodnošljivu tišinu!

Prekrstila je noge i zapalila cigaretu, nalaktila se na koleno, i čekala.

Drmao sam vilicu levo-desno, pokušavao sam da je razglavim, kao da me je uhvatio neki grč, nisam mogao da izgovorim ni reč.

„Nisam ih mnogo platila, lepe su, jelda?"

„Vesna", nakašljao sam se.

Potpuno nesvesno, zavukla je stopala u novim sandalama ispod fotelje, i ugasila napola popušenu cigaretu. Bila je spremna.

„Ja sam se zaljubio."

Četiri reči. Ona me ne gleda, zuri u štep na trosedu.

„Da li si tu? Da li me čuješ?"

Muzika je tiha, vrlo tiha.

Ona klimne glavom odsutno, i posegne za novom cigaretom, ja skačem da joj je upalim. Ona povuče jedan dim, uzima daljinski i pojača muziku sa radija. Pevala je Anastazija:

And life is a road I wanna keep going
Love is a river I wanna keep flowing
*Life is road now and forever, wonderful journey.**

Tiho je pevušila s njom taj refren bez ikakvog izraza na licu koji bi govorio da se ispod te brižljivo negovane alabasterske maske, uokvirene vatrom njene crvene kose, događa strašan iznenadan mraz, iako je bilo toplo veče, junsko, i gledala je ispred sebe, otputovala takoreći, a onda je samo ustala i tako stajala nekoliko trenutaka, nepomična.

Rekao sam, i prepao sam se. Spasio sam dušu svoju?

Očekivao sam njenu strašnu reakciju, nekakvu eksploziju, zemljotres, poplavu, ali je reakcija izostala. Nisam znao šta sad sledi, nisam znao šta da radim.

Ustao sam, oprezno sam joj prišao s leđa i stavio joj ruku na rame. Nije je strgnula sa sebe.

---

* Engl.: Život je put i ja želi da nastavim da idem / Ljubav je reka i ja želim da plovim / Život je put, sada i zauvek, divno putovanje.

Pustila me je da izdeklamujem svoju recitaciju u kojoj je bilo, ne znam šta je sve bilo, odvratno mi je da se setim sopstvenog baljezganja, uvijanja, muljanja, objašnjavanja, kajanja, izvinjavanja, slabosti i straha, i onda sam rekao: „Zove se Ana."

Zadrhtala je na tren, i nastavio sam da lupetam: „Ona je kreativni direktor u marketinškoj agenciji, ima trideset i..."

Nije me pustila da završim. Podigla je ruku, odsečno, taj gest je govorio, taj gest je urliknuo „ne želim da slušam o njoj, idiote", to mi je bilo jasno. I ja sam se zaustavio.

Pustila me je, posle, pošto je rekla samo jedno suvo „idi", da je zagrlim jednom rukom, u predsoblju, i da je tako zadržim nekoliko trenutaka.

I onda je za mnom zatvorila vrata.

Ne znam da je ikada, u celom mom životu, zvuk zaključavanja vrata bio toliko prodoran i da je toliko boleo.

Biti zaljubljen.

Bio sam zaljubljen u Vesnu. I voleo sam je. Moja žena. Posebnom ljubavlju se voli neko sa kim si rastao. Zajedno smo rasli...

„Nikada te neću mrzeti, kretenu glupi", rekla mi je sinoć.

I, ne znam šta mi je sada, možda je to od vina, možda je to od konjaka, možda je to što sinoćna večera nije bila pakao kakav sam očekivao, možda zato što sam živ i što znam da neću umreti noćas, i da neću umreti uskoro, da sam se nekako nagodio s tobom, Bože, osećam neku moćnu, staru, starinsku ljubav prema njoj, toliku, da bih joj ljubio ime.

Zbogom.

To u stvari, znači, sa Tobom, Bože?

Ne volim tu reč. To za mene znači da je nešto završeno. Da je neko otišao ne okrećući se. Da tog nekog nema više. Nisam nikada upotrebio tu reč, pošto ona mnogo, mnogo, mnogo boli.

Jer, to je uvek neka mala simbolička smrt, a poznato je da se smrti užasavam.

I

I, kao istina. I, kao njeno „idi“, i kao idila.

Negde sam pročitao da je Vladika Nikolaj napisao: „Istina je ono što je uvek isto. Istina je Bog.“

Ne znam šta bi bila istina, moja istina, osim toga da u mom životu ništa nije uvek isto. I takođe je istina da je istina mnogo komplikovana da bi se objasnila u nekoliko rečenica.

Okej, istina je da sam malo slomljen. Istina je da sam sada slab. I istina je da sam sjebao nekoliko života.

Ana se pojavila u mom životu pretprošlog leta. Mogao bih da se zezam i da kažem, kao čuveni pisac, „došla je iz legende“, ali bilo je neke izuzetne lakoće u tome kako je kao vetrić ušetala u moj život.

Istina je da nisam želeo da se zaljubim, čak mi u tom trenutku nije bila potrebna ni devojka, ni ljubav, ni paralelna veza, ništa, imao sam sve, bio sam, manje-više, zadovoljan svojim životom, ni za čim nisam čeznuo i nisam imao neispunjenih želja, a nisam bio ni na ivici bilo kakvog ambisa od kojeg bi me odvukla luda nova strast.

„Ana“, rekla je izvlačeći svoju nežnu ruku iz moje, bilo je to na prijemu koji je priređivala Privredna komora Srbije, u restoranu *Porto Beograd*, na Savi.

Lepa devojka, pomislio sam, i kad je odlazila da se javi nekom u grupici ljudi koja je stajala na drugom kraju terase, pogledao sam za njom. Krhkost tog vrapčijeg tela mogla se videti i ispod haljine krojene u vidu džaka za krompir – ali to je bila očigledno najnovija moda, jer su sve mlade devojke koje su držale do sebe bile obučene u slični „koverta dizajn“.

Izgledala mi je u prvom trenutku mnogo mlađe. Malo kasnije, kad je stala na podijum da u ime marketinške agencije *Frejm* primi nagradu za najbolju društveno odgovornu kampanju – radilo se o projektu čišćenja Srbije od đubreta, shvatio sam da je ipak malo starija nego što izgleda, i da se iza te spoljašnje krhkosti krije mnogo odlučnosti, ambicije i nečeg što sam kod žena koje sam sretao retko viđao, a kod mladih žena pogotovo – uspeh.

Uspeh je erotičan. Magnetski privlačan. Ima nečega u uspehu što podiže reglere, što čini da odmah uvučeš stomak, ispraviš kičmu, izvučeš vrat, i poželiš da te taj uspeh primeti, ne znaš šta bi radio sa tim uspehom, ali želiš da ostaviš utisak. Želiš da od sto pedeset ljudi na žurci, ona primeti tebe, jer si ubeđen da je to logično. Takvi trenuci izazivaju moju sportsku stranu, mali takmičar diže glavu, jer ona izgleda kao da nikoga ne primećuje, kao da joj niko nije potreban: nije se zadržala duže od nekoliko sekundi sa mnom dok su nas upoznavali, i nije me nijednom posle toga pogledala.

Ne mogu da verujem da me nije pogledala, iako su me mnoge druge gledale, čak i bolje ribe nego što je ona. Šta zamišlja, ko je ona?

Pomislio sam, koji li je to frajer i kakav je taj koji je uspeo da se probije kroz gustu šumu njenih ambicija, poslova, kontakata, odluka, talenata, znanja i samoljublja, i da osvoji njeno srce. Na kraju sam rezignirano zaključio da ta vrsta žena nikada nikome i ne predaje svoje srce, kao i da je onaj koga je ona izabrala, mora biti, neki šmokljan i papučić, jer koji bi normalan muškarac pored sebe mogao da trpi ženu kojoj ne treba niko?

Utešen tim zaključkom, prepustio sam se laganoj muzici, maslinama, škampima na čačkalicama, zalogajima oslića orli i dobro ohlađenom belom vinu.

Pošto sam apsolvirao prisutne, i pošto su se svi razgovori uglavnom svodili na isto – kako idu poslovi i gde ćete na more – krenuo sam kući.

Na samom izlazu stajala je sa ministrom ekologije, pa sam prišao da se pozdravim i da joj čestitam na nagradi.

Oči su joj se raširile. Znam taj pogled.

Ispravila se i uputila mi jedan fantastičan beli osmeh. Lepa je, vrlo je lepa, pomislio sam. Ali nije moj tip. Suviše je hladna za moj ukus. Rekao sam nekoliko šarmantnih rečenica u stilu da su žene u Srbiji najbolje što Srbija ima, da sam po političkom opredeljenju feminista, na šta su se oboje nasmejali, a onda sam im podelio vizitkarte, i otišao kući.

Recimo da sam već sutradan zaboravio na nju, jer, kao što kaže onaj politički slogan „Život ne može da čeka", Vesna i ja spremali smo se da idemo na takozvano predpremijerno letovanje, uz to, moja sekretarica, za koju Vesna, ne bez cinizma, kaže da izgleda kao Karla Bruni, svečano je objavila da se udaje u avgustu (što je na sekund izazvalo malu plimu ljubomore – znači sada će pripadati još jednom muškarcu i neće joj sva pažnja biti usmerena ka firmi, meni i mojim potrebama?!?), zatim, pošizeo sam na Luku jer je objavio da nije siguran da li uopšte želi da studira, a Marta je plakala kao kiša jer je raskinula sa dečkom.

Tako da je susret sa Anom pretio da ostane zabeležen samo kao polučasovna fantazija o feministkinji, da slučaj nije udesio da se sretnemo nekoliko dana kasnije u *Maderi*, gde sam išao na ručak sa poslovnim partnerom, a ona sedela za susednim stolom sa drugaricom.

Prijateljski je klimnula glavom u znak pozdrava, bio je to osmeh kao da mi nešto duguje, i ja sam bio polaskan. Prepoznala me je. Poslao sam im flašu vina, kao pravi beogradski šmeker, za šta sam dobio još jedan isti takav osmeh.

„Kakav sam ja meni kralj", pomislio sam zadovoljan.

Bio je to lep sunčan junski dan u *Maderi*, ručak je bio odličan, i po podne sam, u veoma dobrom raspoloženju, seo u avion i odleteo u Tivat, gde me već čekala Vesna. I bilo bi to jedno lepo obično letovanje sa ženom, malo krstarenje po crnogorskom primorju i do Dubrovnika, nedelju dana, samo!, da mi lepotica Ana iste večeri nije napisala poruku, zahvaljujući mi na vinu.

Nije to bilo ništa posebno, ali mi je ipak izmamilo osmeh i učinilo da mi srce na tren zaigra kao da sam petnaestogodišnjak. Opa!

Odgovorio sam joj iste večeri.

Dodatak na tu iznenadnu tihu radost, i opšte predivno osećanje života, bilo je i to što sam sve morao da krijem.

„Bilo mi je zadovoljstvo. I nadam se da ću imati priliku da Vas ponovo častim vinom."

„Vrlo rado", odgovorila je ubrzo i poslala jedan smajli.

„Koje ćemo zajedno popiti", napisao sam u novoj poruci. A dodao sam i sličicu dve čaše koje se kuckaju.

Uzvratila mi je sa tri sličice šake sa podignutim palcem.

Odgovorio sam joj sličicom deteline sa četiri lista.

A zatim je ona odgovorila meni, porukom koja je bila sastavljena od sličica u vidu deteline, čaša koje se kucaju, smajlija koji šalje poljubac i smajlija koji se stidi.

Nasmejao sam se krišom. Slanje tih sličica, to sporazumevanje znacima, bez mnogo reči, totalna adolescencija, pomislio sam, ti odgovori prepuni ruža, detelina, kuca, podignutih palčeva, smajlija u svim dobrim raspoloženjima, od mene su takoreći preko noći napravili dečka, raspaljenog gimnazijalca koji se sa nekim tajno dopisuje. Da ne vidi mama.

U narednih nekoliko dana, svaki put kad bih joj poslao neku sličicu, prišao bih Vesni i seo pored nje, ponekad bih je čak poljubio u rame, ili bih je, zbog iznenadnog komičnog osećanja života koje me je preplavilo, šljepnuo po dupetu, što je uvek nailazilo na njeno smejanje, odobravanje i loše odglumljenu zaprepašćenost.

„Šta ti je, jesi poludeo?"

A ja sam bio budalasto srećan – količina moje sreće bila je u obrnutoj srazmeri sa stvarnošću u kojoj se apsolutno ništa nije dogodilo, niti se događalo, osim tih sličica, „imodžija",* koje su glatko mogle da ispišu pravi-pravcati strip mog raspoloženja. Bio je to najslađi mali dodatak letovanju, maslinka u mom martiniju koju niko ne vidi.

Sreća se, kao ni kašalj, ne može sakriti. Trebalo je samo da tu unutrašnju maloletničku radost primenim

* Engl.: *Emoji*, digitalna sličica, „ikonica" koja se koristi da se iskažu različita osećanja, ideje ili stanja u elektronskoj komunikaciji.

na stvarnost koju mogu da dodirnem, i time sakrijem svoju telefonsku igricu.

„Uroše, šta ti je odjednom?", pita me Vesna dok pijuckamo vino i posmatramo zalazak sunca kod Lokruma.

„Uživam", i razvučem najveći mogući osmeh, a da toga uopšte nisam svestan. Ona uzima svoj mobilni i slika me. Tako i znam – na toj slici žmurim i smejem se pod crvenkastim sunčevim zracima, nogu podignutih na ogradu jedrilice, sa čašom vina u ruci, izgledam kao čovek koji sanja najprijatniji san.

Pa, sanjao sam. Ne znam tačno šta sam to sanjao, ali valjda sam sanjao Anu, i sve te njene imodžije, detinjaste znake nečega što će možda da bude, satima sam zamišljao kako ću da je izvedem na vino, listao u sećanju restorane u koje bih mogao da je vodim, razvrstavao sam vina kojima ću da ostavim utisak, i ludo sam se zabavljao. A usled te moje iznenadne radosti koja je bila uvećana činjenicom da me ni zbog čega, ovoga puta, nije grizla savest, da nisam učinio ništa loše, Vesna je cvrkutala, i oboje smo bili srećni.

Gutao sam knjige. Vesna je zaista uvek imala fantastičan talenat da izabere odličnu literaturu za odmor – leto i knjige idu zajedno – Uelbek, Parsons, Džulijan Barns, pa smo na jedrenju imali zaista sjajno društvo. I bio sam dobar. Stvarno nam je bilo lepo.

Bili smo bračni par koji više ne peglaju dosadni svakodnevni problemi sa decom, jer su deca velika, i počela su da vode svoje živote, i koji uživa u uzajamnoj sreći – ona je uživala u mojoj, pa sam ja uživao u njenoj. To je povezano. More je bilo mirno, jedrenje prijatno, nijednom se ni oko čega nismo ni čačnuli, a kamoli posvađali.

Ponašao sam se kao da sam joj unapred plaćao dug koji ću tek da napravim. Tiho sam se ljuljuškao na pučini sopstvene mašte i slatkog obećanja o nečemu što je titralo u vazduhu, nisam znao tačno o čemu, osim da je bilo novo i neistraženo.

Nekoliko dana mi nije stigla nikakva porukica od nje, ali nisam se sekirao. Kad se vratim sa krstarenja, ja treba njoj da se javim. Ja ću je pozvati. Zar joj nisam tako obećao?

I kad smo se vratili sa letovanja, ispunio sam obećanje.

Zakazao sam joj ručak – ne večeru, nego ručak u kafanici, da ne bude obavezujuće, opterećujuće, da bude lako i lepo, kao leto koje tek počinje. Došao sam kolima po nju ispred njene agencije, a onda smo se odvezli preko puta, na drugu stranu Dunava, u kafanu kod Renata, jeli smo lignje i kečigu, i popili smo jednu flašu odličnog domaćeg šardonea i ćaskali o Beogradu, reklamama, o njenoj kampanji.

Razgovor je u početku bio napet, nije bilo ni traga one lakoće koju smo postizali porukama i elektronskim sličicama, fizička distanca je kao *Red Bull*, daje ti krila. Nije mi bilo lako da se koncentrišem na priču, na maštanje, na njeno lice koje mi se pod dnevnim svetlom u senci tende učinilo još lepšim i da se opustim – glisirao sam između izvesne odbojnosti koju je u meni izazivala njena samouverenost, i krhkosti koja bi se na trenutak pomaljala ispod te maske uspeha i nepobedivosti.

Dok je govorila o tome kako je napravila tako uspešnu agenciju, smeškao sam se i zamišljao kako je ljubim, pitao se kakvog li su joj ukusa usne, i kako se ljubi. Mora da se dobro ljubi!

„Tržište advertajzinga danas je zbilja bojno polje“, govorila je, a ja sam zamišljao kako joj ta lagana bluzica u kojoj su joj ramena gola, spada, kako bezobrazno i samovoljno klizi nadole, i sve vreme sam se pitao kako takva lepotica koja ima mozga, karijeru, novac, ambiciju, ideju o sebi i životu, sedi sa mnom i zašto je sama. Odmah mi je bilo jasno da je sama, da nema nikoga, to se pročita iz nekih nemuštih znakova. Ne znam kako sam to zaključio, možda zbog napetosti i nervoze koje nije uspevala da sakrije: na trenutke mi je izgledala kao devojka koja dugo nije sedela sama sa muškarcem u neobaveznom razgovoru, a posle bi izgledala kao da uživa u trenucima potpunog prepuštanja sadašnjosti – u gutljaju vina, zraku sunca koji joj pada na rame, u pogledu na reku, u osećanju sigurnosti što sedi sa čovekom koji je neće startovati i koji je neće udaviti nekom svojom dosadnom pričom.

Bio sam koncentrisan na to da joj taj osećaj ne pokvarim.

„I, svaki put kad imamo pič*, to je veliki stres...“, objašnjavala je i treptala tim svojim krupnim plavim očima, koje mi isprva nisu bile najjasnije, koje nije bilo tako lako pročitati. Trudio sam se, koliko sam mogao, iako sam svesrdno pokušavao da se koncentrišem na srpsko tržište, reklame, ekologiju, da ne gledam u njene grudi koje su igrale ispod tih ružica i pupoljaka na njenoj bluzi, ispod koje nije nosila brus. Bila je tako ženstvena u toj tankoj bluzi i farmerkama, ne znam zašto, ja stari romantični bluzer, odmah sam imao asocijaciju na Leonarda Koena, na pesmu *Suzan*, na sopstvenu mladost.

Pustio sam je da govori, tako je, očigledno, ubijala svoju nervozu, a ja sam zamišljao neke scene iz knjiga koje sam pročitao, sa sve tim ružicama na bluzi i njenim

---

* Prezentacija projekta reklamne kampanje, neka vrsta konkursa između više reklamnih agencija.

breskvica tenom, i njenom kosom koja leluja na povetarcu, i video sam sebe odjednom kao setnog čoveka, skoro kao nekog nerealizovanog pisca, koji je došao po svoju priču i kojoj, uz vino, dopušta da se razvije.

Kad smo završili ručak, koji bi se skoro mogao nazvati poslovnim, jer je ona uglavnom govorila o poslu, a ja sam manje-više postavljao pitanja, seli smo u kola i krenuli nazad, svako u svoj život, a da suštinski skoro ništa nismo saznali jedno o drugom. Jedino što sam mogao da zaključim jeste da nije udata i da nema decu, dok sam ja uspeo da joj posredno saopštim da sam oženjen i da imam dvoje odrasle dece, na šta je ostala potpuno ravnodušna, kao da mi to piše na čelu.

„Baš mi je bilo prijatno", rekla je, osmehnuvši se. Bilo je neke istinske zahvalnosti u tom malom osmehu, nečeg skoro na ivici stida. Njen pogled je govorio odavno mi ni sa kim nije bilo ovako lepo. Bio sam polaskan.

„I meni." Zastao sam. „Ponovićemo ovo, nekada."

„Važi", rekla je kratko, a onda se, kad smo stigli ispred njene agencije, nagla prema meni i nežno me poljubila u obraz.

Bilo je nečeg dečjeg, nečeg uzdržanog i nečeg uplašenog, nečeg čak starinskog u načinu na koji je to uradila. I to mi se veoma dopalo, upravo zato jer je to bio kontrast njenoj sveukupnoj modernosti koja se videla po tome kako se obukla, kako je jedva našminkana, po tome kako govori, koji je nakit odabrala, kako je tačno znala šta će da jede i koliko će da popije, i koliko će da traje taj ručak. Zapravo, učinilo mi se da sam otkrio, a da se oko toga uopšte nisam trudio, njenu tamnu stranu meseca – nešto nežno i romantično, što je čekalo da bude odškrinuto.

Njen parfem titrao je na mom obrazu još neko vreme, mirisao je taj mali leptir, osećao sam ga u nosu, i sprečavao me da mislim o bilo čemu, osim o tome kako se iz nepoznatog razloga osećam vrlo lako, vrlo lako, kao neki šareni zmaj, i kako je neko, nemam pojma ko, počeo da otpušta konopac, i kako polako počinjem da letim.

Istina, to je istina. To je jedno parče istine. Tako se toga sećam, mada, naše sećanje, možda je i naša obmana?

Istina je, takođe, da sam pre susreta sa Anom švrljuckao pomalo, ponekada. Bilo je to uvek neobavezno, neopterećujuće, nekako usput, bez poruka, bez telefonskih poziva koji bi mogli da naprave problem, jedno do dva viđanja sa trofejima pokupljenim u noćnim klubovima, bile su to uglavnom šeme koje zbog specifičnih okolnosti nisu mogle i nisu smele da budu otkrivene, ono što ide u rok službe pedesetogodišnjim frajerima koji nisu imali preteranu kilometražu u mladosti.

Istina je, takođe, da je moja potreba za tim osvajačkim testosteronskim avanturama iznenada narasla pošto su svi oko mene to radili. Svi su kresali sa strane, svi koji su iole imali neku kintu, vukli su po kafanama i kafićima svoje lične hostese, varali su svoje žene javno, dok su kod kuće izigravali uzorne muževe.

Čim sam stasao da na žurkama, u kafanama, na letovanjima, stojim rame uz rame sa ešalonom uspešnih biznismena i „majkemi" biznismena, koji su praznine svojih vlastitih života ispunjavali, osim statusnim simbolima, i besomučnim jurenjem lako osvojivih riba, shvatio sam da ću da ispadnem budala ako i ja to ne radim.

Seks kvari. Korumpira. Iako, kresanje riba je tako dobar sport. Nije da to nisam radio i ranije, ali radio sam to retko i krio sam to kao zmija noge. Nijedna od njih nije bila reprezentativna, možda i zato što su lako padale. Boca vina, ponekad večera, vožnja kolima, i zdravo da se vidimo.

Da, tu je Vesna bila u pravu. Beograd me je ulupao kao belance.

Međutim, istina je da se ovo sa Anom događalo polako, da nije ličilo ni na šta sa čim sam se pre toga igrao. Izgledalo je, isprva, kao da se ništa i nije dogodilo. Šta, izašli smo na ručak, pa smo posle otišli na još jedan ručak, pa onda na večeru. Prijatno društvo. Lepotica koja ima šta da kaže, a koju ne fascinira ništa od onoga što mene drži na površini te svetlucave reke. I ona ima skup sat. I ona vozi dobra kola. Ima zanimanje. Njoj zvone telefoni, njoj se javljaju u restoranu.

Prošlo je možda mesec dana otkada smo se upoznali, a još se nismo ni poljubili. Muvali smo se polako, kao klinci. Nisam ni znao da u ovim godinama još uvek imam kapacitet za ljubav iz ruskih romana. Budila je u meni nešto romantično i nešto zaboravljeno, kao mladost.

I, taj prvi poljubac, dugo očekivani, sanjani, pomerio me je iz težišta, bio je kao zemljotres: ljubili smo se u mojim kolima, kao klinci, ispred njene zgrade, i nije me pozvala da se popnem kod nje.

To me je samo još više zainteresovalo. Šta hoće od mene? Loži me? Dosadno joj je? Koju igru igra?

„Ujutru putujem na more“, rekla je, „javiću se kad se vratim“, a zatim je izašla, okrenula se na tren, kratko mi mahnula i nestala u ulazu.

Naredne dve nedelje ni o čemu drugom nisam mislio nego o njoj, o tom poljupcu i kako ću, kad se vrati, boga mi, da navalim na nju, kako joj više neću dati priliku da tek tako ode. Nijednu ribu nisam toliko dugo muvao.

Sa mora je stiglo nekoliko porukica u sličicama: poljupci, sunčani dan, suncobran, čaše koje se kuckaju. I uvek su mi te porukice izazivale mešavinu osećanja – sa jedne strane, bilo mi je milo što Ana misli na mene, i što ima obzira prema mom životu, budući da zna da sam oženjen, a sa druge strane, imao sam utisak da se malo zeza sa mnom, da tvrdi pazar, ispipava teren, ili se možda dvoumi. Možda je na more otišla sa nekim frajerom? Možda je tamo, na Sardiniji, našla nekog frajera? Možda se ohladila? Možda je samo fina prema meni?

I onda su porukice prestale da stižu, dok jednog dana nije samo kratko napisala: „Dođi kod mene."

Bilo je popodne, prvi septembar. Naravno da znam kad je to bilo, pošto je tad Vesnin rođendan, i spremali smo se da izađemo uveče, vodio sam nju i naše kumove na večeru u *Klub književnika*, u baštu, to je neka naša mala divna tradicija. Prethodno sam Vesni kupio ogroman buket ruža, i ona se oduševila, bio sam i dalje dobar dečko, trudio sam se da budem dobar muž. Marta je insistirala da otvorim šampanjac i da svi zajedno nazdravimo, čak je i Luka održao mali lep govor.

„Mama, za sve tvoje osmehe, i za tvoje okice, nemoj sad da se rasplačeš, živela nam sto godina", Luka je podigao čašu, i svima su nam se malo orosile oči.

„Sunce moje", rekla je dirnuta Vesna, a zatim je, u stilu idealne majke, tu dirljivost raspršila, obraćajući se Marti.

„A ti, mala, polako sa tim šampanjcem!", pa smo se vi smejali naglas.

Mali lep i redak trenutak u kome smo svi bili zajedno i svi smo bili srećni.

I, tada mi je stigla poruka. Sudbina ne bira trenutke koji su idealni da se nešto desi. Mora biti da sam pocrveneo jer je Vesna nekoliko trenutaka kasnije primetila da me šampanjac već hvata.

Nasmejao sam se glasno, da raspršim paniku, frku i uzbuđenje.

Moram da odem kod Ane, sad ili nikad, nema veze što je Vesnin rođendan, vratiću se na vreme, moram to da izvedem savršeno, da niko ništa ne primeti, i moram da se sredim, odmah, da skinem to crvenilo sa lica, Vesna će da me provali, ne želim da joj upropastim slavlje, ne želim da propustim ovo na šta sam toliko dugo čekao, otići ću, pa makar na deset minuta, jer ta poruka znači samo jedno – „pristala sam, čekam te, dođi, razmislila sam, odlučila sam."

Narednih dvadesetak minuta nalivao sam šampanjac Vesni, kao zločinac koji priležno i nemilosrdno planira zločin; muvao sam se po kući, puštao muziku, i jednim okom pratio Vesnino postepeno lelujanje. Marta i Luka su ubrzo otišli svako na svoju stranu, i kad je Vesna rekla da ide da prilegne, pao mi je kamen sa srca.

Ja, mali prestupnik, prišao sam i poljubio je u kosu kad je zaspala, dok sam krišom gledao na sat. Izašao sam na prstima i pažljivo zatvorio vrata za sobom.

Ana.

Kad sam je ugledao na vratima, imao sam samo jednu asocijaciju – na Branu Petrovića i njegovu pesmu „Vratila se sa mora moja devojčica, obučena kao afrička kraljica", ali nisam počeo da recitujem, jer bi možda pomislila da sam poludeo. Umesto toga, napravio sam srce od prstiju i stavio ga na svoje grudi. Jednostavni telesni imodži koji je odmah razumela.

Bila je obučena u beli japanski kimono, ovlaš vezan oko struka, kose skupljene u nemarnu punđu, preplanula i sveža, a oči su joj bile plave kao najplavlja mora.

Krenula je ka meni, i onda me je uhvatila za ruku, kao da smo krenuli u šetnju, pustila me je da ja vodim, iako sam prvi put bio tu – beli prostor, anđeoski skoro, mali dizajnirani raj, beli kožni kauč, bele police, bele sveće, dve bele lampe, učinilo mi se da je i tiha muzika koja je svirala bila bela, savršeni *wellness* centar, pomislio sam i stegnuo joj ruku, a ona se okrenula ka meni i krenula da me ljubi.

Povukao sam kaiš na njenom kimonu, i oslobođena svila lagano je skliznula na pod. Preda mnom je stajala moja bakarna sardinijska kraljica, žedna poljubaca. Prelepa. Svetlucava sardina. I sigurna u sebe. U svoje savršeno zgodno telo na kojem nije bilo ni trunke sala, u svoje zategnute vitke noge, u svoje lepe grudi koje su odolevale zakonu gravitacije, sigurna u svoju želju. Čekala je ovaj trenutak.

I ja sam ga čekao.

Ljubio sam je kao da se prvi put u životu ljubim, dok je ona spretnim pokretima otkopčavala moju košulju, i dok je njena fantastično meka ruka prelazila preko mojih grudi, torzoi su nam se dodirivali, osetio sam pritisak njenih grudi na mojim, i kad je počela da mi otkopčava pantalone, nešto se u meni uznemirilo.

Nije me pustila da je zavodim, opustim, nije mi ništa rekla, odlučila je da me kresne, odlučila je da me osvoji, odlučila je da me uzme, obujmi, da me pečatira, kao neka afrička mađioničarka, pred kojom sam stajao ukopan. Ona je vodila tu igru i ja sam se osetio isključenim.

Počeo sam da razmišljam. A poznato je da uključen mozak isključuje ono drugo.

Skinula me je, i nisam ostavio utisak, a od tog saznanja, utisak koji sam ostavljao bio je još manji.

Bila je to najblaže rečeno katastrofa, iako se ona svim silama trudila da nam bude lepo. Dok smo posle pola sata uzaludnosti ležali u njenom krevetu, a ja bio bačen u teški beli ponor depresije, ona se pravila kao da se ništa strašno nije dogodilo, ponašala se kao neko ko će sve to da popravi samo ako joj budem dao šansu, pa sam u jednom trenutku čak pokušao da budem duhovit, jer šta u takvoj jadnoj situaciji preostaje mučenom muškarcu nego da se šali na sopstveni račun?

„Moraćemo da konsultujemo *Kosmopoliten*, da vidimo šta se radi u ovakvim situacijama", rekao sam, gorko se nasmejavši. Pogledala me je zapanjeno, a onda je počela naglas da se smeje, od srca.

Bilo je u tom njenom smehu nečeg što me je povratilo. Pomislio sam, ova mala će mi dati drugu šansu.

Tek tada je počela da govori. Čavrljala je o slatkim malim stvarima, bila je čak i duhovita, nudila me je pićem, a ja sam, duboko razočaran u sebe i u svoje ljubavničke performanse, odjednom počeo da plivam u krivici.

„Nisi ovo smeo da uradiš, danas. Vesnin je rođendan! Griža savesti i erekcija ne idu zajedno, budalo", prolazilo mi je kroz glavu. I pomisao na Vesnu odjednom me je osvestila.

Nije bilo vremena za samosažaljenje i jadikovku. Skočio sam kao oparen iz kreveta. Možda je prošlo sat i po otkada sam izašao iz kuće, možda se Vesna probudila, možda sam upropastio sve, panično sam krenuo da se oblačim, kao da je neko viknuo „Požar!", promrmljao sam da moram da žurim jer imam neke ranije zakazane obaveze, i izleteo iz njenog stana, a da nisam propustio da primetim jedan mali, malecki, pobednički osmeh koji joj je titrao na rubu usana.

Taj osmeh je govorio: „Vratićeš se."

Nisam ostavio nikakav utisak, ali vratio sam se.

Šta jadni uništeni mužjak da uradi posle ovakve neslavne epizode?

Odjurio sam kući, uleteo u kupatilo, istuširao se kako Vesna ne bi osetila nijedan molekul njenog mirisa, opustio se kako bih sa sebe sprao jad i nemoć i bes koje sam osećao prema sebi (koji sam ja gubitnik, i baš sam se lepo pokazao!!), kako bih povratio samopouzdanje i ljubav prema životu, obrijao se, stavio losion, umotao peškir oko bedara i krenuo da se spremam za večeru. Bio sam ponovo onaj stari. Moj dobri život mi se vratio.

Usput sam bacio jedan znatiželjan pogled prema ogledalu u predsoblju, i u njemu sam video jednog prilično zgodnog čoveka u najboljim godinama, svežeg, okupanog i punog snage, čak lepuškastog, kako mi se, pun samopouzdanja i nekog skirvenog humora, smeška. Namignuo sam mu i krenuo u spavaću sobu da se obučem.

Tamo je ležala Vesna, u gaćicama i majici na bretele, kose bačene na jastuk poput rasute kukuruzne svile, i smeškala se, ljuljuškajući se na jastuku prepunom mehurića šampanjca. Posmatrao sam je nekoliko sekundi, i zapanjen koliko je lepa kad spava, i tako sočna, i bela i moja, legao sam pored nje i počeo da je mazim.

Moja žena mi je vratila sve što mi je sat ranije bilo oduzeto, i bio sam joj na tome zahvalan kao kuče. Živ sam i dobro je, sve je dobro, nisam otpisan. Lizao sam je u znak te zahvalnosti, i ona mi je višestruko uzvratila.

Srećni i zadovoljni kao ne pamtim kada, držeći se za ruke, stigli smo u *Klub književnika*, blistavih očiju, kao da smo upravo nešto ukrali od sveta.

Nekoliko puta u toku te večeri, pao mi je na pamet moj fijasko sa Anom, i stresao bih se od pomisli na svoju nemoć, na bruku i blam pred tom devojkom, ali bih svaku takvu pomisao ugušio vinom ili dodirom Vesnine ruke. I što je veče više odmicalo, sve više me je držalo to osećanje da je ta moja žena moj jedini istinski oslonac.

Problem je bio u tome što, kad je svanulo jutro, istina mi se kezila u lice.

Omanuo si, i moraš da se vratiš da to popraviš.

Izdaja.

Ne znam šta je izdaja, stvarno. Izdaja je kad svog prijatelja odaš neprijatelju. Kad ga daš nekom drugom. Kad ga prodaš. U korenu svih tih reči je glagol „dati". Kad nekog drugog tretiraš kao da je tvoje vlasništvo, kao da je stvar. Možda je to suština izdaje? Ili, kad radiš u korist štete onoga kome si se zakleo na vernost. Da ga nećeš dati, prodati, izdati. Verni smo, dragi moji, ali ne fanatično. Niko ne vara ženu zato što želi da je povredi. Ti je varaš zato što ne želiš da je povrediš, glumiš da je sve u redu, da se ništa ne događa i da se ništa nije promenilo.

I onda, jednog dana, kad priznaš da si je varao, i da više ne želiš da je izdaješ, ispadaš najveći izdajnik. Nikom ko vara ženu, pretpostavljam, nije to u glavi – da je izdaje. Da je predaje vetrovima laži, nepoverenja, sumnje. Da je, simbolički, baca.

Život je komplikovan, brak je komplikovan, ljubav je teška, ponekad je sve tako zamršeno i nerešivo, i opet me spopada to isto osećanje da izdajem, da sam kriv, i da sam postao apsolutni šampion u uništavanju svega što dodirnem.

Ana, međutim, nije bila moja riba, moja šema, moja švalerka, Ana je bila pojava, sila života koja me je naučila da ne žurim, koja mi nije dozvoljavala nikakvu anticipaciju kojoj sam uvek bio sklon – u stilu, a šta će biti posle, gde idemo posle, šta imam da radim sutra. Ana je bila moja tajna.

Kada sam se nekoliko dana kasnije vratio kod Ane da popravim neslavan prvi utisak – sve je bilo neuporedivo bolje. Seks je bio fantastičan, ja sam bio u svom najboljem izdanju, i ponosan na sebe, na svoj osvetlani obraz, znao sam da će biti toga još. Da će biti seksa.

Isprva uopšte nisam razmišljao o tome da će biti vođenja ljubavi. Samo seks Srbina spasava, mantrao sam u sebi dok sam, dolazeći kući posle nekog od tajnih susreta, uveravao sebe da nisam uradio ništa loše, ništa što ne radi svaki drugi muškarac koga poznajem.

Anina i moja veza je tako počela. Seks. Fantastičan seks. Simpatije. Dugo bi me grlila, nije htela da me pusti, njene ruke su oko mog vrata ili oko mog struka, osećam se tako moćno i zadovoljno, imam devojku, tajnu, sa kojom mi je lepo. Nežnosti, Ana ti je ime! Ali uvek, nekako, oboje gledamo na sat, posle tih dugih zagrljaja, posle tih ukradenih trenutaka, i vraćamo se bez roptanja, svako u svoju stvarnost, spokojni, pošto ćemo se videti opet.

Lepi trenuci bez mnogo obaveza, bez nekih naročitih obećanja, bez planova, samo reka koja je spokojno tekla,

I to je bilo to. Niko ništa nije pokušavao da zaustavi, da uzme, da zadrži. Viđali smo se nekada dva puta nedeljno, a nekada bi prošlo i po desetak dana da se ne vidimo, pala bi po neka porukica i to je bilo to. Uveče bih ponekad mislio na nju, i mala nežnost bi uspela da se izbori za svoje mesto u klupčetu mojih misli u kojima je uvek bilo njenih usana, njenih grudi, eksplozivnih orgazama, i slasti tajnosti.

Anina uzdržanost i nespremnost da govori o sebi u početku mi je odgovarala – izgledalo mi je da i njoj odgovara ta naša povremena telesna bliskost, to uzajamno poverenje naših tela, bez mnogo priče, i da nas je to oboje spasavalo od komplikacija, patetike i emocija kojih možda uopšte i nije bilo.

Odgovaralo mi je da tako mislim i da se tako odvijaju stvari, zbog straha da bi nešto moglo da se desi – na primer da se moj mir naruši. Da se moj život pokvari. Da se moj brak dovede u pitanje. Nisam sebi dozvoljavao da razmišljam gde je ona i šta radi kad nije sa mnom – zar se nismo borili za slobodu, i zar time što je ništa ne pitam, što se čak i ne trudim da je dobro upoznam, ne čuvam svoju slobodu da vodim svoj život onako kako umem. Sebičnost ponekad spasava.

Ponekad sam, dok sam izmišljao obaveze, sastanke i laži, kako bih otišao kod nje, pomišljao kako nisam, sigurno, nikakav idiot koji bi dozvolio da mu se sruši život zbog jedne paralelne veze. I kako to rade samo glupaci. Žena se čuva, brak se čuva. I zbilja, u tim prvim danima čuvao sam svoj brak, čak i onda kad sam počeo panično da pomišljam kako ću poludeti ako tog popodneva ne vidim Anu.

Zaljubljivanje se dešavalo polako. Ono je, svakako, proizvod i naše lične odluke. Sve izgleda uvek isto, samo jednog dana iz nekog razloga padne ti na pamet da bi, možda, mogao da voliš tu osobu. Ne znam tačno koji je to bio trenutak, ali jednog dana sam sedeo u kancelariji, i stigla mi je njena poruka.

„U Londonu sam. Vraćam se za sedam dana."

Nešto me je opalilo po nosu. Nije mi rekla da će da otputuje, a videli smo se dva dana ranije. Doduše, ni ja njoj nisam govorio o svojim planovima niti o svom rasporedu časova, ali ovo me je ipak pogodilo. Pomisao da joj značim manje nego ona meni, pomisao da bi ta lepotica, kojoj u stvari ja uopšte nisam ni potreban, jer ima svoj posao, karijeru, novac, stan, mladost, prijatelje i lepotu, mogla lako da me ostavi. Da bi mogla da me zaboravi. I da ću ostati na ovoj obali, na ovoj obali na kojoj sve urla o trošnosti i prolaznosti, u svom sigurnom razgaženom životu, okamenjen, jer se nisam usudio da bilo šta pokušam.

„Čekaću te", napisao sam joj. A onda sam dodao još jednu poruku: „Voleo bih da negde otputujemo zajedno."

U tih nedelju dana oktobra toliko sam mislio o njoj, o sebi, o nama, da sam, kad se vratila, bio promenjen čovek. I onda je počelo zaljubljivanje. A zaljubljivanje znači da želiš sve da znaš o toj osobi, da želiš nežnost i pažnju, da želiš da joj budeš centar sveta, da želiš da je čuvaš, i ljubiš i da joj činiš, da želiš, koliko je to u tvojoj moći, da budeš s njom. Zaljubljenost je onda raspalila strast, a strast je raspaljivala zaljubljenost, i vrtlog je malo-pomalo postajao sve veći i snažniji.

Kad smo krenuli na naše prvo zajedničko putovanje, a bilo je to čim se vratila iz Londona (čekao sam još tri dana da ona završi sve svoje obaveze kako bi mogla da pođe sa mnom, kakve sad obaveze ona ima???), kad smo, dakle, krenuli u Istru na naša prva dva ukradena dana, izgledalo mi je to kao da je sve počelo iz početka, kao da se tek upoznajemo, i zahvalno sam joj ljubio ruku, bez prestanka, i možda taj ograničeni prostor u kolima, i auto-put, i svetlost ranog novembra, i boje jeseni koja je tek počinjala da crveni od stida i da žuti od melanholije, i avantura koja je zapravo tek tad bila načeta, i to naše prećutno saznanje da onaj naš seks sada odjednom postaje nešto drugo, da ovo odjednom postaje kao neka veza, tek, nešto se desilo – popucali samo kao nar, oboje.

Ograde su pukle, i prvi put smo, u kratkim, sinkopiranim rečenicama govorili male istine koje ne govore ljudi koji se krešu, nego ljudi koji žele da se vole.

„Da li sam ti nedostajao? Ti meni nenormalno, ne znam šta se desilo sa mnom, ali nisam mogao da prestanem da mislim o tebi."

„Da", rekla je i ućutala.

„Hej, je l' sve u redu?", pitao sam, sklonio ruku sa menjača, uzeo njenu šaku i nežno je prislonio na usne.

Klimnula je glavom, i skrenula pogled u stranu, u to tiho žutilo koje se spuštalo na ovaj deo sveta.

„Nedostajanje je možda preteška reč", rekla je tiho.

„Zamisli", nastavio sam skoro veselo, „možda nikada do sada nisam ni znao kako izgleda nedostajanje."

„A ja sam znala. Ja znam."

Nastupila je dugačka pauza koju nisam želeo da prekinem, osetio sam da želi da mi nešto kaže, nešto važno, nešto zbog čega je možda bila onoliko uzdržana.

„Pre tri godine izgubila sam nekog..." Zaustavila se da proguta jecaj koji joj je golicao grlo. „Važnog... Najvažnijeg." Udahnula je duboko i povratila prisebnost. „To je nedostajanje, nedostajanje sa kojim ništa ne može da se uradi."

„Žao mi je", uspeo sam da progovorim, a nešto mi je steglo grlo.

Pomislio sam, to su te oči, to je taj pogled koji je bilo teško pročitati, to je to nešto što nisam uspeo da odgonetnem, ta zatrpana tuga, o kojoj se ne govori, o kojoj je sramota govoriti jer skida oplatu profesionalnosti, nedodirljivosti, odlučnosti, i jer o tome niko ne želi da sluša, niko ne želi da sluša o nemanju, bez obzira da li je reč o novcu ili o ljubavi, niko to ne želi da sluša i o tome se ne govori, ovo vreme je vreme brzine, opipljivosti, dokaza, sadašnjosti i budućnosti, blistavih osmeha, prošlost je priča gubitnika.

Kroz glavu su mi brzo, poput fleševa, prolazile misli da je to nedostajanje ono što me je navelo da pomislim, onda, prilikom našeg prvog susreta, da je sama, da nema nikoga, da dugo nije bila na sastanku sa muškarcem, da je to nedostajanje ono što je napravilo njen čvrst oklop koji sam pogrešno čitao kao izvesnu hladnoću.

„Mnogo mi je žao."

Slegla je ramenima, drmnula glavom kao da tera leptire tužnih misli sa kose, i kratko uzdahnula, kao da je htela da kaže: dobro, dosta sam rekla, idemo dalje.

„Tako da... osetila sam malo nedostajanje", rekla je pokušavši da se nasmeje, a onda je odvrnula muziku.

Po meni se u tom trenutku razlila Ana.

Mogao sam da se rasplačem kao neki šonja, hteo sam da zaustavim kola i da krenem da je grlim, da je ugušim zagrljajima, da je utešim, da joj nadoknadim svako nedostajanje, ali nisam to uradio da ne bih širio mrlju, da se ne bi rastužila, da se ne bismo oboje pretvorili u dva zarozana tužna mala stvora.

Samo sam joj ljubio ruku, i ona je bila zahvalna.

Čavrljala je o Istri koju voli, o malvaziji, o tartufima, i kako zna dobru konobu pored Buzeta gde bismo mogli da odemo, a ja sam razmišljao o njenoj patnji o kojoj ništa nisam znao, o njenom bolu, o njenom nedostajanju, o tome kako se zbog toga, očigledno, nije udala, o tome kako zbog toga još uvek nema decu, o tome kako je život surov i nepravedan, i u svom srcu, tada, u kolima, na auto-putu Beograd–Zagreb, ponesen emocijama, njenom rukom u svojoj, muzikom sa radija i nedostajanjem, zavoleo sam je toliko da sam pomislio kako bih ja mogao da je spasem, da joj obrišem svaku senku koja je pala na njene predivne oči.

Venčao sam se s njom u srcu, a ona o tome pojma nije imala.

„Vesna, tad sam te izdao najviše."

Izgovorio sam ovo naglas, i naježio sam se. Šmrknuo sam, oči su mi zasuzile. Ustao sam i ugasio klimu.

Izbegavanje, reč današnjice, izbegavanje je opis karaktera, sredstvo manipulacije, proračunato korišćenje prostora, anticipacija kretanja, izbegavanje je reč koja prkosi susretu, izbegavanje je koncept moralnosti, eufemizam za kukavičluk, izbegavanje je zabašurivanje, zagrtanje, zakopavanje, migoljenje, izmicanje.

Doktorirao sam izbegavanje najviše onda kada sam izbegavao da nam se sretnu pogledi, kada sam sa olakšanjem prihvatio činjenicu da je sve više odlazila da spava u Lukinoj sobi koja je sada bila prazna, ili onda kad smo i ona i ja čekali, žmurili i osluškivali svako na svojoj polovini kreveta ili u odvojenim sobama, kao na zaštićenim teritorijama, ko je prvi ustao, da se ne bismo sreli, da ništa više ne bismo videli jedno o drugom.

Izbegavanje je bekstvo, tačnije, izbegavanje je bekstvo u kontinuitetu, način da odagnaš trenutak u kome ćeš biti uhvaćen.

I onda dođe jedna ovakva besana noć u kojoj ne možeš da izbegneš ništa.

Da, i ona je uvežbala tu veštinu.

Sinoć je rekla nešto o tome, ovlašno, maestralno, u svom stilu, sa osmehom, kao da je to davno apsolvirana tema, to naše uzajamno izbegavanje, kao da se sve to dogodilo u nekom dalekom prošlom životu čije krpice po malkice, iz pristojnosti i otmenosti, sabiramo sad, kada ono više ne može da nas ozbiljno dotakne.

Ne mogu da verujem da je sve prevazišla. Da je mene prevazišla.

J

J, ja.

Ponekad je to **Ja** puno, ponekad je prazno, ponekad je malo, ponekad je veliko, večeras je malo. Sada je malo.

Drugim rečima: Ja, Uroš Petrović, 52 godine, diplomirani ekonomista, otac sina i ćerke, oženjen, u ozbiljnoj vezi sa šesnaest godina mlađom devojkom, maneken površnosti, običan beogradski frajer u krizi srednjih godina, u strahu od srčanog napada, šloga, pritiska, od ove noći, baja koji je mislio da zna sve što je potrebno za krstarenje po lakim morima, svečano priznajem da više nisam siguran ni u šta, i znam da to nije samo zbog straha.

J, kao Jebati.

Izvinjavam se na mom francuskom, ali to je najčešće upotrebljavan srpski glagol. Neka vrsta univerzalne poštapalice u svakodnevnom govoru: opis skoro svih osećanja i stanja duše može da se upakuje u taj drevni glagol od koga sve počinje i kojim se sve završava. Na primer, jebote, to mi je uzrečica. To je uzrečica nekoliko generacija, to je moderna verzija onoga starinskog – zamisli! I ima neke čudne veze između jebati i zamisliti. Pošto prvo ide sa drugim, tačnije, ne može bez njega. To je muški glagol, aktivni glagol, iako sve češće postaje i ženski.

Jebote - zamisli! Jebote - stvarno?! Jebote - mislim, stvarno! Jebali su mi kevu. Zajebao sam ih. To je zajebano dobro. Mnogo je zajebano. Jebali smo ježa. Jebô sam te kad te stignem. Najebali smo.

Poenta je izgleda u tome da je danas „jebati" postao sport, i verbalni, i neka vrsta, sa jedne strane, fizičkog oduška u svetu opčinjenom materijom - telom i novcem, a sa druge strane, kao da cela zapadna civilizacija pati od Turetovog sindroma.* Jezik je postao pornografski da bi bolje opisao pornografsku stvarnost. Svi to govore. *Fuck*** i *fucking**** su najčešće reči u spotovima, filmovima, u svakodnevnom govoru mladih. Uvek sam smatrao da muškarci koji taj glagol koriste u bukvalnom smislu imaju dozu prostote koja je teško svarljiva. Pa ipak, ponekad, u srpskom jeziku, i stvarnosti, psovka može da bude i izraz neverovatne ljubavi i milošte.

Zanimljivo, Ana ne psuje. Ponekad, doduše, ume da kaže da je „jebeno umorna" ili da je neko u njenoj agenciji „faking idiot", pritom to je samo to, slovima i brojem samo te dve psovke, pritom svi oko nje govore tako, to je model komuniciranja novih generacija. Takozvano englesko psovanje, da razblaži srpsku jezgrovitost.

Ranije, kad smo se Vesna i ja svađali, govorio sam joj: „Dolazi ovamo, jebem li ti sunce", i to je među nama značilo - ne luduj, hajde da se pomirimo.

---

* Neurološko oboljenje koje izaziva nekontrolisane tikove, vikanje, a često i nekontrolisano psovanje.

** Engl.: Jebi.

*** Engl.: Jebeni.

Bilo je kod nas dvoje psovanja, a bilo je i ljubavnih psovki.

I, možda, tamo gde je jezik lišen tog praskavog psovanja, možda ni u stvarnosti nema mnogo sočnih anegdota o jebanju, zajebavanju i jebanju keve.

Drugim rečima, odjednom osećam da sam mnogo sjeban.

K

Kofer.

Koferi, putovanja, odlasci.

Uvek sam to vezivao za uzbuđenje, radost putovanja, groznicu, snove o novim svetovima, ljudima, vremenskim zonama, anegdotama i nezaboravnim događajima, istorijskim spomenicima, idiot foto-aparatima, i čak i razglednicama, i zatim tu su bili snovi o povratku, slatka čežnja i strepnja i radost ponovnog susreta. Da se vratim kući kod keve, kad sam bio klinac. I posle, da dođem kući i da mi se Vesna obisne oko vrata, da klincima donesem poklone i da posmatram njihova nasmejana srećna mala lica.

A onda, čovek koji mnogo putuje odjednom postane blaziran, umoran, i sveden na najneophodnije stvari, rezervne pantalone, veš, rezervni sako, kolonjska voda i četkica za zube, kozmetika, tri košulje.

Koferi, to je asocijacija na aerodrome, fri-šopove, na hotelske sobe i njihovu meku tišinu, na odjednom otkrivenu uniformnost te avanture koja se zove putovanje, jer manje-više sve počne da liči jedno na drugo, gradovi liče, šetačke zone sa svim tim *Pradama* i *Zarama* i odelima *Boss* iste su svuda, miris topljenog putera i vafla, ljudi koji puše na ulicama. Nema spektakla više, u avionima i na aerodromima ne upoznaješ fenomenalne i nezaboravne face, kao nekada, kad si bio mlad, oko tebe je sada samo reka ljudi, sva ta bića sa koferima koja su zagnjurena u svoje brige, u svoje telefone i tablete.

I, onda svaka soba miriše slično, ušuškana u svojoj bešumnosti, i povratak kući doživljavaš kao neki simbolički nastavak života. Putovanje je prekid. Spakuješ nošeni veš i izgužvane košulje i čarape, zatvoriš kofer, i vratiš se. Nastavljaš tamo gde si stao, kad svoj kofer uneseš u svoje predsoblje.

Moja dva kofera koja sam sinoć doneo od kuće, tamo su, u spavaćoj sobi. Samsonajti. Crni i srebrni. Dugo putovanje u noć. Odlazak ili povratak?

Ta dva kofera su moja kuća sada. Još uvek ih nisam otvorio i nemam sada ni snage za to. Uradiću to sutra kad se budem probudio, ako uopšte budem spavao, sad je dvadeset do četiri, a meni su oči kô kafanske šolje, razbudio sam se.

Vesna je sinoć rekla: „Sve sam ti lepo ispeglala i složila.“ Moja žena me je spakovala, kao da me je poslala na put.

Kuća.

Osećam melanholiju. U stvari, neka me je tuga napala, odjednom.

Ovo o koferima, putovanjima i sad, kuća, sve te reči, obične reči koje odjednom zvuče kao neki mentalni tango. Tužna muzika koja se pleše.

Konjak mi je razvezao jezik, okej, mrmljam, u stvari, ovo što sam nacrtao – a nacrtao sam kuću i onda sam je preživrljao.

Hm. Ovo nije moja kuća iako ovde živim sa Anom već dva meseca. Ovo je njena kuća, njen prostor. Problem sa prostorom je uvek isti – da li si ti prvi došao, da li ti osvajaš njega ili on tebe.

Postoji nešto, to se može nazvati duša prostora, što ili te opali, ili te odbije. Zaljubiš se u prostor, ili ne možeš nikako da se namestiš. Ne možeš da nađeš svoje omiljeno mesto. Mene je duša ovog prostora odbila. Ne odmah. Malo-pomalo. Ne mogu da provalim u čemu je stvar. Niko nije kriv, i ništa loše se nije desilo u vezi sa ovom kućom, ali stalno se osećam kao da sam gost. I kao da sam go. Kao da sam stalno na nekoj promaji. Kao da sam u kući od stakla. Nema zavesa, to me je prvo zapanjilo.

„To su foto-grej stakla", rekla je smejući se mojoj panici da će nas neko videti. „Niko ne može da nas vidi."

„Savremena tehnologija je čudo", rekao sam zadivljen, ali ne i uveren. Kad sam te večeri krenuo svojoj kući, gledao sam sa ulice u pravcu njenih prozora, da proverim. Stvarno, ništa se ne vidi.

Prozirnost, svedenost, belina, ravne linije, moderni dizajn, niska komoda na kojoj je televizor, kožni trosed, jedna fotelja, niski ravni sto; zvučnici su podignuti visoko, skoro su na plafonu, zvuk je fantastičan, na zidu je jedna slika – autor je mladi umetnik, zaboravio sam mu ime – veliko belo platno sa jednom aljkavom debelom crnom štraftom po sredini, i gigantska dracena pored prozora.

Bio sam fasciniran kad sam prvi put ušao. Delovao je ovaj prostor na mene kao da sam ušao u budućnost.

Odjednom mi je sve što sam video po svetu, i pogotovo sve što smo mi imali u našem stanu, delovalo nekako malo, skromno i demodirano. Svi oni naši tepisi, slike po zidovima, trosedi, fotelje, trpezarijski sto sa onim stolicama tapaciranim kožom, Vesnine lampe, kristalne, sa abažurima od svile, sve je to odjednom postiđeno sagnulo glavu pred Aninim besprekornim ukusom i stilom. Iako smo davali čitavo malo bogatstvo za nameštaj – svakih pet godina kupovali smo nove italijanske sofe čuvenih dizajnera, sve to mi je odjednom izgledalo pretrpano i nekako suviše beogradski pred Aninim Njujorkom, koji je hteo da izgleda kao Tokio.

Generacijski jaz sam možda najviše video tu, u tome, u konceptu prostora, u konceptu života. Tako nekako.

Podno grejanje. Vau! Nigde viška, nigde uspomena, jedan prečišćen život. Gluposti koje smo mi ostavljali svuda, naša neurednost i razbarušenost, pred ovim skoro muzejskim savršenstvom, delovala mi je zaista kao da je iz prošlog milenijuma. Kuhinja bela, spremna za neki savremeni „čas anatomije", netaknuta, izglancana, neuprljana kapljicama masnoće, bele kale u providnoj staklenoj vazi na podu, zgasnuta svetlost led sijalica usred te beline, džez improvizacije, tiho, slivaju se sa plafona, trpezarijski sto od stakla i samo dve providne Starkove* „duh" stolice. Otmeno, ukusno, artistički.

Primetio sam da nema biblioteku.

Jedna dugačka crna konzola, koja se divno slagala sa crnom štraftom na umetničkoj slici, pružala se polovinom zida, skoro do prozora. Na njoj je bilo nekoliko svećnjaka,

* Filip Stark, francuski dizajner nameštaja. Bavi se industrijskim i arhitektonskim dizajnom.

i nekoliko knjiga crvenih hrbata otmeno složenih, kao u reklamama, pri kraju police. I sad je gledam i mislim isto: savršena hromatska kompozicija.

Kad dolaziš u gajbu svoje ribe, raduješ se. To je tvoje utočište. Bežiš od žene, od braka, kriješ se od dece, od prijatelja. Možeš ponovo da budeš lud, i mlad, a ako si još i zaljubljen, voliš taj mali jatački prostor, odomaćiš se koliko god želiš, jer znaš da si tu samo privremeno. Pola dana. Pola noći. I onda se obučeš, i vratiš se kući.

Stvar se nekako promenila kada sam došao ovde za stalno.

Možda zato što je njen. Možda zato što je sve ovde njeno, možda zato što, iako mi je dala pola plakara, iako imam svoj deo u njenom kupatilu, čak i svoj lavabo, još uvek se nisam navikao. I što više pokušavam da se nekako smestim u ovaj prostor, to mi se on manje dopada. Rekao sam to Ani, ona se glasno smejala.

„Moramo da te apdejtujemo."

Pa, okej, stvarno sam se apdejtovao, „nadogradio" sam se, sad sam nova verzija, apdejtovani Uroš koji je malopre seo golim dupetom na taj famozni kožni trosed i koji sada drži podignute noge na njenom staklenom stolu.

Najbolji i najprijatniji prostor mi je u spavaćoj sobi. Svetla soba, sa velikim krevetom i dvema foteljama. I ta fotografija, velika, Fride i Dijega. Ali nije život spavaća soba. A mislio sam da jeste.

Nisam doneo ništa svoje osim garderobe koju sam u maloj putnoj torbi poneo onda, i ova dva kofera koja sam doneo sinoć.

Ne znam zašto nisam uneo ništa svoje?

Možda i zato što, u stvari, vrlo malo vremena provodimo ovde. Ovde pijemo jutarnju kafu, meljemo voće, vodimo ljubav, kupamo se, i spavamo.

Život je negde drugde.

K, kao kapitalizam.

Tja, pa niko nam nije obećao lakoću, pogotovo ne nepodnošljivu lakoću postojanja. K. Kao Kundera, šta su me noćas spopali naslovi njegovih romana? Gutali smo ih onomad kad smo bili klinci. I šta je sad ovo, doletela je slatka ptica mladosti?

K, kao kapitalizam, to znači tržište, profit i neumoljivost ta dva božanstva sa kojima su dolazili novi prijatelji, koji ti nisu prijatelji, koji ti nikada neće biti prijatelji, jer i prijateljstvo se iznosi na tržište i kao što je poznato može da donese profit. Kapitalizam kontakata, tržište kontakata, umreženost zarađuje. To su samo ljudi kojima sam sličan, paunovi sa kintom koja mora da se vidi, koja se mentalno i društveno oplođuje samo u takvim usamljenim gomilama.

Lova korumpira. Lova kvari. Imam neuporedivo više love nego Željko, ali juče sam na sekund hteo da dam sve što imam kad sam čuo da je sa porodicom u Sartiju. Ljubomora, jer ja sam bio sam. I ne samo zato. Razjebala me je njihova mala sreća. Ta cika koju sam čuo. Radost, mala obična radost kakvu sam i ja nekada poznavao. U nekom skromnom apartmanu, na recini i giricama, i grčkoj salati, srećniji su bili, činilo mi se, nego ja, prošle nedelje na mojoj jedrilici, na Hvaru.

K, knedle sa šljivama.

Ide mi voda na usta. Ustao sam i popio još kisele vode, i utukao sam glad.

Knedle sa šljivama, omiljeno jelo, omiljena poslastica mog detinjstva. Vesna je to godinama pravila, Luka i Marta su se takođe davili u tome. Ne znam kad je to prestala da nam pravi. Ne znam kad smo i kako smo počeli da zaboravljamo ono što smo voleli. Kad li je prestala da pravi knedle, dođe mi da je sad pozovem i da je pitam. Kad bih je sad pozvao, prvo bi mi rekla da nisam normalan, a onda bi počela da se smeje, a onda, pošto pamti kao slon, siguran sam, tačno bi se setila.

Možda je to prestala da pravi kad sam ja krenuo u lovu, kad me je uzeo biznis, tržište, profit i kapitalizam. Kad me je neumoljivost tih božanstava otrgla od kuće, kad mi je uzela vreme, a onda je tržište počelo da određuje i moj prostor. Čovek i ne primeti kako je u pitanju proces, neka vrsta mašinerije, pokretna traka koja te izmešta iz kuće, jer ti otima vreme, skreće ti pogled, menja ti ukus. Knedle sa šljivama ne jedu ljudi koji žive napolju.

Karte.

Varali smo.

Igrali smo karte jedno vreme. Igrali smo remi. Vesna i ja i Sara i Relja. Naše komšije. Kad smo kupili novi veliki stan, upoznali smo ih i odmah smo se sprijateljili. Vino kod nas, vino kod njih. Relja je uspešan broker na berzi, Sara je plastični hirurg, stanovali su iznad nas. Vesna me je ponekad strašno nervirala jer nikada suštinski nije bila zainteresovana da igramo karte, da pobedi. Nije umela da me prati. Pogled bi joj bludeo preko špilova, gubila je i nije se nervirala, naprotiv, izgledala je kao da uživa u tome što na kartama nema sreće. A mi smo bili kao neki Apdajkovi junaci, to mi je još na našoj prvoj partiji palo na pamet i nisam mogao da odgonetnem zašto mi je baš ta asocijacija pala na pamet. *Parove* sam čitao pre dvadeset godina.

Jedno vreme nismo se odvajali. Male večere. Dobra vina, ćaskanje, svečanost života. Novi prijatelji koji tako liče na nas, ples učetvoro, koraci su nam usklađeni, odlično možemo da pratimo jedni druge.

I onda je jednog dana to prestalo, i trebalo mi je neko vreme da shvatim da smo, u toj igri, izgubili.

L

Luka, moj sin.

Mislim na njega, sa nekom tugom u srcu, uvek. Ne znam zašto je to tako, ali tako je poslednjih godina, iako me je Vesna ponekad indirektno optuživala da ga ne volim dovoljno, da ga nikada nisam voleo, to nije tačno… to nikada nije bilo tačno. To stvarno nije tačno, kunem ti se, Bože, da to nije tačno.

Jeste, postoji ta neka veza između oca i sina, čudna, ponekad divna, ponekad strašna i teška.

Kad se rodio, iako mi je njegovo rođenje donelo i neverovatnu radost jer smo Vesna i ja napravili naše prvo dete, pa čak i ponos pri pomisli da se moja loza nastavlja, da će moje prezime živeti i da bi moj siroti otac bio najsrećniji deka na svetu da je uspeo da dočeka svoje prvo unuče, postojao je jedan mali trenutak koji je nešto pokvario. Nikada o tome nisam govorio.

Toga se sećam i sad sa neverovatnom preciznošću i jasnoćom.

Sećam se tog pogleda, Vesninog, tog iznenadnog pogleda zverke koja čuva svoje mladunče i kojoj njen mužjak više nije potreban, taj pogled koji je govorio „ne prilazi mi“, i „nisi nam više potreban“, sećam se tog mog straha, moje zbunjenosti i osećanja odbačenosti – jer nisam više pripadao njima, šutnuli su me, to je trajalo možda dan-dva, taj njen pogled, kao da me je mrzela, tako sam to doživeo, da sam odjednom višak. Bolelo je to mnogo. Neverovatno, toga se sećam i danas, i ta slika izaziva mi isto osećanje gorčine, izneverenosti i sada.

Recimo da sam bio klinac i da sam se poneo kao klinac, ali toga se sećam, tog osećaja ispaljenosti i duboke tuge i pomisli da će mi taj mali žgoljavac oduzeti prostor, taj osećaj uvređenosti dugo sam spirao sa sebe, to da me je mališa zbacio sa trona, da nisam više najvažniji čovek u životu svoje žene. Da, u pitanju su bili i njeni, ali i moji životinjski instikti. Ljut sam pomalo i sad kad se toga setim.

I zatim se sa setom sećam svih trenutaka njegovog odrastanja, njegove plave kosice, njegove ručice kad mi opali šamar. I kad ga učim da pliva. I škole, naših letovanja. Njegove trapavosti, njegove osetljivosti.

Ali on je nekako uvek više bio njen sin nego moj. Otela mi ga je odmah. Njihova veza uvek je bilo mnogo jača nego naša. Vesna mi je govorila da ga suviše kritikujem, da mi nikada nije bio dovoljno dobar. I sad se nerviram kad pomislim na neke male trenutke, bio je plačljiv dečko koji joj se držao za suknju, i to me je dovodilo do ludila.

I onda se nešto desilo, nemam pojma šta, ali video sam, i nisam mogao da ne primetim, kako odjednom beži od mene, kako ne želi da me pogleda u oči.

Moj sin ne voli fudbalske utakmice. I možda sam ga suviše kritikovao. Možda nisam bio dovoljno tu. Možda, postoji milijardu „možda" na spisku.

Kad je imao četrnaest godina, Vesna me je naterala da ga izvedem negde i da mu objasnim „činjenice života", u stilu Ronalda Lenga, i učinio sam to nevoljno, kao da sam morao, kao da to nije najprirodnija stvar na svetu da otac izvede sina u šetnju i objasni mu ono što se objašnjava u četiri oka, to je neka vrsta moderne inicijacije dečaka u svet odraslih, zar ne?

I ništa nismo uradili jer je on rekao da sve zna i da sam smešan, bio sam mu u suštini zahvalan na tome, nisam se nikada dobro snalazio u objašnjavanju stvari, ne bih umeo nikome da budem profesor. I rekao je da ga ne davim, i da su o tome već pričali u školi, da ima starije drugove i da ga pustim da ide u bioskop sa društvom.

Ne znam više šta on zna i šta ja znam i da li sam mu još uvek smešan.

Kao dečak, hteo je da mi se dopadne, Luka i sada želi da mi se svidi, ali nešto je zauvek otišlo, otplovilo. Ne može to otac da izgovori. Ne mogu to čak ni sada da prevalim preko usana.

On je prošlog leta otišao na Ibicu i rekao da će tamo ostati još malo, tamo radi kao di-džej, kultura klubova, diskoteka, elektronske muzike, žurke, život sa MTV-a pretpostavljam, i koliko mogu da vidim, srećan je tamo.

Nama je to dovoljno, meni i Vesni. Sin nam je srećan, sam se stara o sebi, gradi neki život u nekom prostoru, na nekom drugom terenu koji je sam izabrao. Tako moderna, tako opšta verzija života mladih. Da odlaze, da se sklanjaju od naših pogleda, od naše pažnje, od naših kritika i saveta.

Da smo ih možda namerno ili podsvesno sami sklonili? Da smo ih zapravo učinili nevidljivim?

Naša roditeljska takozvana modernost graniči se sa, bar u ovim krajevima, nečuvenom roditeljskom samoživošću. Idite, deco, od nas da bismo imali razloga da kukamo kako ste nas ostavili i kako ste bezosećajni, a u međuvremenu, mi ćemo malo da živimo, kao da sa vama i nismo živeli.

Nije li to ludilo cele zapadne civilizacije, i nije li ta mrlja mastila počela da se širi i ka nama?

Tri puta je dolazio u Beograd na nekoliko dana, a videli smo se samo jednom, jer smo se mimoišli. Ja sam bio na putu, a on je ostajao kratko. Lep je. Pocrneo, preplanuo. Ima dobru, brzu energiju, ne drži ga mesto. Istetovirao se, što me je razočaralo, ali ništa nisam rekao jer bi, ionako, bilo uzaludno. Meka gestikulacija. Divan sin i dobar dečko. Majci se javlja redovno. Mene okrene ponekad.

„Luka, ima li neka Španjolka?“, pitam ga.

On se smeje skoro histerično.

„Ne, tata, ne samo Španjolka, ima ih svih dezena.“

„Udri“, kažem, i više ne širim priču. To je dovoljno, kratak razgovor koji postaje čep koji ne propušta vodu.

Na neki način, milo mi je što je otišao. Milo mi je što čujem da je srećan. Kao da smo ga stavili u neki srećni odeljak koji nas umiruje – daleko je, srećan je i vodi svoj život. I više tu fasciklu i ne moramo da otvaramo?

Više sam se trudio oko Marte, to je činjenica, ali to je nešto između očeva i ćerki, valjda je to tako uvek?

Luka. Naš Luka. Koji je otišao i koga ćemo viđati retko, ponekad, kad nam se sklope rasporedi, na po nekoliko dana, i govorićemo kako se super snašao i kako je srećan, kako se ni na šta ne žali.

Postoji taj trenutak, postoji ta priča, da, noćas je ponovo isplivala iz taloga, jer je ovaj susret sa Vesnom sve pokrenuo, jer je ova azbuka sve pokrenula.

Nikom nisam rekao.

U maju smo Ana i ja otputovali u Barselonu na vikend. Vesni sam smuljao da idem na službeni put.

„Otkud u Barselonu?", pita suvo, usne su joj stisnute, zna da lažem, da muljam, ali već je navikla, sve se ionako raspada.

„Što?"

„Nisam znala da imaš poslove i u Barseloni."

Ona stoji sa papilotnama na glavi ispred kupatila. Pustila je stomačić. Izgleda kao neka irska Ana Manjani.

„Nisam znao da ti vodiš moj poslovni dnevnik", kažem osorno, ali u sledećem trenutku već snižavam ton, „ovi Nemci prave poslovni vikend", slažem ne trepnuvši, ali više se i ne trudim da lažem savršeno, samo podignem svoj mali kofer i krenem ka vratima.

Ne priđem ni da je poljubim.

„Onda, u redu", kaže i odmeri me jednim rezigniranim pogledom.

„Onda, vidimo se", procedim suvo i izađem napolje, sa osećajem da je naš kraj blizu. To je jednostavno bilo u vazduhu, samo nisam znao kada i kako to da izvedem, a da ne boli mnogo.

I onda se desio taj slučajni susret u Barseloni.

Ana i ja smo sedeli u jednom kafeu na Paseo de Grasiji i uživali u popodnevnom suncu, pijuckali smo heres, varijantu belog šerija iz Kadiza, pošto smo se našetali kao pravi turisti, kad sam u jednom trenutku ugledao mladića koji liči na Luku.

Došao je sa nekim likom, koji je na sebi imao majicu sa tankim bretelama i dekolteom koji mu je sezao do pupka, i zanet razgovorom, seo je dva stola od nas. Zinuo sam. U stvari, bio je to on.

Bio sam toliko šokiran što ga vidim tu, zar nije on na Ibici?

„Luka!", otelo mi se.

Okrenuo se ka meni zapanjenog izraza lica. Skinuo je naočari za sunce.

„Tata!", skoro da je urliknuo, zabezeknut, u trenutku je izgledalo kao da ne može da odluči da li sam prijatno ili neprijatno uznenađenje.

Sranje, pomislio sam. Potpuno sam zaboravio na Anu.

Ustao sam, unezveren, ustao je i Luka i krenuo ka meni.

„Otkud ti?"

„Otkud ti, Luka?"

„Vikend u Barseloni, skoknuo sam sa Ibice, imam večeras jedan parti ovde."

Govorio je brzo, bombardovao me je detaljima, osmeh mu je bio širok, ali sušila su mu se usta, i sve vreme je preko ramena gledao Anu, koju sam ja pokušavao da sakrijem leđima.

Pogledao me je upitno, i očima pokazao na Anu.

Okrenuo sam se, kao da ne znam o čemu priča, ali Ana je u tom trenutku podigla pogled i mahnula mu.

„Ćao, ja sam Ana", rekla je sa osmehom, a onda se vratila neverovatno zanimljivim postovima na *Instagramu*.

Izgledala je kao da je boli uvo. Kao da je se to uopšte ne tiče. Nije se potresla, to su bila moja posla, a ionako je smatrala da je već krajnje vreme da nekom od mojih najbližih kažem za našu vezu.

Preznojio sam se.

„Ono je Pepe“, rekao je Luka pokazujući glavom na onog lika. „On je moj prijatelj...“

Zaustavio sam ga.

Tip je gledao u nas, a onda je doviknuo jedno „Ola!“, namignuvši mi.

Peder, pomislio sam, s gađenjem, ali nisam to pokazao.

„Hoćeš da sednemo za drugi sto? Pet minuta? Kao otac i sin?“, mucao sam.

Luka je klimnuo glavom, skoknuo do onog lika, nešto mu rekao, a zatim se vratio i seo za prazan sto.

„Problemi u raju“, šapnuo sam Ani, a ona je samo podigla čašu, gucnula heres, i umirila me.

„Što se mene tiče, sve je okej. Idi, pričaj s njim.“

Luka je bio crven u licu, a ja sam gutao knedle.

O čemu smo mogli da pričamo? Nakašljao sam se kao svaki otac koji se nađe u sopstvenom nebranom grožđu. Trebalo bi nešto da mu kažem.

Mislio sam brzo. Bolje da govorim ja nego on.

„Luka“, počeo sam tiho gledajući u njegove šake.

Mali nokat mu je bio nalakiran ljubičastim lakom. Zaboleo me je želudac, od pogleda na tu ruku, na taj nokat, moje dete, moj sin, odrastao čovek, odjednom, neko koga ne poznajem, dalek i neuhvatljiv i nesagledív i opasan kao pijavica na moru, i progutao sam ono malo pljuvačke što sam mogao da iscedim iz suvih usana.

Video je da sam zapanjen i da to pokušavam da sakrijem. Skupio je ruku u pesnicu, toliko je mogao da učini za svog staromodnog seljačkog oca koji ga nikada nije razumeo, a onda je pozvao konobara.

„Šta ćeš da popiješ?“, pitao je, i bio je napet kao struna.

„Vodu, samo vodu.“

Naručio nam je piće, na španskom; pogledao sam ga u tom trenutku i izgledalo mi je na sekund kao da je u pitanju stranac koga prvi put u životu vidim, kako je to moguće, takva duboka emocionalna provalija odjednom, kao da sedim sa potpuno nepoznatim mladićem, lepim, modernim dečkom, istetoviranih ruku, sa neznancem koji zna šta hoće.

Bio je nekako na svome, prvi put u životu, bio je na svome.

„Reci, tata.“

To „tata“ izgovorio je nekako suviše meko, zvučalo je ljigavo, skoro uvlakački, ali mu je pogled sada bio direktan, odlučan. Zadrhtao sam od tog pogleda.

Da, morao sam da govorim ja, da ne bi govorio on, bila je dovoljna jedna moja pogrešna reč, jedno pitanje, ili malo duža pauza pa da počne da govori on, da počne da govori ono što ne želim da čujem.

„Luka, sine...“

I, nešto se desilo. Obrt!

On je odjednom imao zbunjen izraz lica, zapanjio sam ga tim „sine“, bilo je neke nestvarne bliskosti u tom „sine“, zapanjio sam i sebe tom iznenadnom bliskošću, nikada mu to nisam govorio, i Luka je, pred mojim očima, bukvalno u jednoj jedinoj sekundi, od mladića koji je bio na ivici dugo zadržavane eksplozije u kojoj bi mi sa izvesnom politički korektnom drskošću verovatno sasuo u lice sve o sebi i svom stilu života, odjednom postao dečko, ponovo mali dečko koji samo želi da ga otac voli.

Udahnuo sam duboko, i zadržao sam dah, i stisnuo sam usne da ne bih dopustio jednom groznom izdajničkom jecaju da nas obojicu razvali. Niko ne želi oca slabića. Od oca pičke, svi beže. Izbrojao sam do tri i nakašljao se.

„Vidi, žao mi je što si me video ovde, s njom."

On je samo klimao glavom, izgledao je kao neko ko je spreman da sa pažnjom i strpljenjem sasluša sve dokaze odbrane, pre nego što me osudi.

„Molim te, nemoj da kažeš mami. Izvini što sam ti ovo priredio. Jednostavno, to se dogodilo, to se događa..."

Ćutao je i igrao se slamkom u koka-koli. Nisam mogao da protumačim njegov pogled, njegove skupljene veđe, njegovu duboku zamišljenost.

„Ne brini", rekao je, posle nekoliko trenutaka razmišljanja, a mali osmeh mu je titrao na usnama. Bio je srećan što sam ga nešto zamolio.

„Ja ću joj reći", promumlao sam kršeći ruke.

„Okej, ne brini."

„Mama i ja... ovo je jednostavno... ne znam šta da kažem...", skrušeno sam se vadio, birajući reči koje ne govore ništa, a koje ostavljaju utisak da nisam egoistična skotina bez ikakvog saosećanja.

„Mama i ti... niste uvek bili dobri", nasmešio se kao da razume više nego ja, više nego bilo ko, činjenice života, komplikovane odnose, male bračne tajne i laži.

„Sine, muškarci su ponekad takvi...."

Video je da se mučim, da vapim za razumevanjem i bar za mrvicom podrške, i učinilo mi se da malkice uživa u toj sceni – nikada u životu nije me video tako malog i jadnog, i nebitnog.

„Seks je okej, kapiraš? To je okej."

Rekao je to tako uvereno, izgovorio je to kao frazu, kao reklamni slogan, kao nešto što je mnogo puta ponovljeno, kao gotovu instant-istinu za masovnu upotrebu.

„Sine, stvari su ponekad tako komplikovane."

Mora biti da sam to rekao sa takvom rezignacijom i tugom i kajanjem da je pružio svoju pesnicu sa nalakiranim noktom i nežno me, kao da boksuje, kucnuo u rame.

Odahnuo sam.

Tej gest je govorio ono što nije uspeo da mi kaže celog života. Hteo je da budemo prijatelji. Hteo je nešto da mi dâ. Hteo je da se izbriše sve i da nas dvojica budemo neki mali tim. Da nešto novo počne.

„I ja ću tebi da kažem jednu tajnu."

Pretrnuo sam.

„Neeeeee", pomislio sam, ali nisam rekao ništa, samo sam se okamenio u trenutku. Zatvorio sam oči.

Nisam želeo da ga gledam dok mi to govori.

„Kad si ti bio u šemi sa doktorkom", zastao je i čekao nekoliko sekundi, ta pauza je delovala kao večnost, „mama je bila u šemi s njim."

Žmurio sam nekoliko sekundi čekajući njegovu bombu, njegovu ličnu eksploziju, ali udarac je usledio sa potpuno druge strane. Otvorio sam oči i razrogačeno ga pogledao.

Imao je podignut palac i pokazivao rukom nagore.

„S njim", klimnuo je glavom, a onda je tražio moj pogled da vidi utisak koji je ostavio, nije bio siguran da li je dobro postupio, čekao je moju reakciju.

„Laže, Luka laže", pomislio sam, „to je nemoguće, zašto izmišlja", kotrljao sam te reči po glavi, a neka strašna ruka stezala mi je grlo. Traaaaas, šamarčina, nokaut, „nemoguće, to je nemoguće". Nisam verovao svojim ušima.

Zinuo sam. Ali, odakle on zna za mene i...? Ako zna za mene, onda... Podigao sam obrve u šoku.

„Video sam ih."

„Mamu i...?"

Klimnuo je glavom.

Bio sam u tolikom šoku da sam se na trenutak zaledio, nisam mogao čak ni prste da pomerim.

Bilo je nečeg izazivačkog u njegovom izrazu lica. Govorilo je to lice, lice moga sina jedinca: „Prihvati moj život kao što sam ja prihvatio tvoj, sve to jebanje, prevare i laži, misliš da niko nikada nje saznao. E pa, ja sam znao. Sad imamo po jednu tajnu."

„Ovo će biti naša mala tajna, je l' važi, tata?"

Ništa nisam rekao, samo sam klimao glavom levo-desno, u neverici vrteći filmove, bomba je eksplodirala u mojoj glavi, zujalo mi je u ušima, na tren mi se zavrtelo pred očima, „da li je moguće", bio sam razvaljen ovakvim obrtom, čovek u krhotinama, nisam mogao da izustim ni reč.

Čekao je strpljivo, cevčeći koka-kolu, a onda, pošto ništa nisam govorio i pošto sam zurio u njega otvorenih usta, unervozio se. Postao sam mu odjednom dosadan, umoran, pokoren. Više nije imalo šta da se kaže.

„Tata, moram da idem, Pepe...", pogledao je na sat, a zatim mu je rukama dao znak da dolazi.

„Naravno, razumem", rekao sam rastresen, potpuno raznesen, jer bio sam odjednom, bio sam u Beogradu, u našem stanu, tamo su letele karte, kiša karata, neko je handirao, neko je vrištao, otvaralo se vino, svetlo je bilo divno, zagasito, svirala je muzika, Vesna se smejala zvonkim smehom, imala je zelenu plišanu haljinu sa velikim dekolteom, i ponovo sam osećao šamarčinu na svom obrazu.

„Čuvaj se, Luka“, rekao sam smušeno, i tutnuo mu kintu u džep.

„Opa, hvala“, potapšao me je po ramenu, kao nekoga ko je ostao u prošlosti, ko više ništa ne može da razume. Bilo je nečeg čak pokroviteljskog prema meni, nekog zrnceta sažaljenja u tom malom gestu.

I, dok je odlazio sa Pepeom žurnim korakom, ne osvrnuvši se, ja sam, uzburkanih osećanja i zamućenih očiju imao samo jednu pomisao, da je moj sin uradio nečuvenu stvar, koje uopšte nije svestan – izdao je majku, da bi pridobio oca.

Tužna priča.

Ali, hajde sada, Bože, da ti nešto pošteno priznam: ako je bilo ičega dobrog i ičega ljudskog o meni u ovoj priči, onda je to valjda ovaj mali detalj – nisam rekao Vesni da znam.

Nisam hteo da joj otmem i sina.

Leto, letovanje.

Leto čini da poveruješ da ćeš uvek biti mlad. Avgust, pogotovo kraj avgusta u meni uvek izaziva istu setnu misao: da leto traje prekratko, kao i mladost.

Ana i ja smo sada prvi put otišli zajedno na letovanje, slobodni kao ptice. Na mojoj jedrilici, sami.

Rešio sam se laži, briga, porodice, podigao sam jedra i krenuo u novi život, kao novorođeni. Kao klinac.

Zaustavljali smo se u tihim uvalama, bacali smo se u zagrljaj debelom moru, i jedno drugom, ništa više nismo morali da krijemo od sveta, od neba.

Gola Ana u vodi. Na pramcu. Njena somotska koža preplanula, njene oči boje lagune, njeni poljupci na mom ramenu, poput prilepaka, njena bosa stopala su pokretne skulpture, njene bele košulje, nemarne, mladalačke, njena ruka oko moga struka, njena noga na mojoj butini u konobi u kojoj nam prave ribu na gradele, „volim te, volim te", te dve reči sleću poput galebova na naša ramena.

U Hvaru smo sreli mnogo poznatog sveta, mog i njenog, mi smo sada par, mi smo par kojim se ispiraju usta, ali kakve to ima veze, sad smo slobodni, i ostavljam odličan utisak među njenim poznanicima, Ana se ponosi, oslabio sam, žene mojih poznanika iz biznisa gledaju je sa ljubomorom i zavišću, došli smo da nas vidite, mene gledaju sa izvesnim prezirom jer je sada očigledno da sam ostavio „onakvu ženu", ali ne obazirem se na sredovečne gospođe koje ionako nemaju nemaju nikakve živote, uživam u Ani i sebi, Ana je nekrunisana kraljica rivijere. Najdivnije na njoj je to što izgleda kao devojka kojoj želiš da napišeš pesmu.

Mnogo lepote, mnogo slobode, mnogo lakoće, odjednom.

Ne znam zašto, ali u jednom trenutku, iz čista mira, pala mi je na pamet jedna setna misao, o tome da ovo neće trajati zauvek, da leto treperi nad nama, kao vilin konjic, svetlucavo, nežno i trenutno.

Ana je izašla iz vode, sijala je plavičastim sjajem, kose zalizane, telo joj je kao struna, na golim bradavicama dve kapljice mora, kao *Svarovski* kristali, moja je, pomislim, moja slana sirena, i nežnost se razliva po meni, život je nepredvidiv, u nekoj sličnoj ovakvoj uvali pre dve godine bio sam sa Vesnom, i dopisivao sam se sa Anom, slao sam joj one telefonske sličice i krišom se smeškao, i ne sanjajući da je moguće da se ikada dogodi ova scena. Da Ana izađe iz vode i da mi kaže „volim te, više nego što sam znala da se može voleti“, i da mi kaže da želi da me udiše, i da sam ja njen talas, i htela je da kaže još nešto, ali se predomislila.

Preplavila me je iznenadna tuga. Uhvatio sam je za ruku, privukao sebi onako mokru, i stavio je u krilo. Dugo sam je grlio i mislio samo o jednoj stvari, da sam grešan prema njoj.

Prošlog septembra, kada sam se vratio sa letovanja sa Vesnom, na koje sam otišao kao svaki dobar muž, uz malo roptanja i poslovično čačkanje, misleći po ceo dan na Anu koja je sa drugaricama otišla u Tursku na deset dana, dočekala me je vest koju nisam znao kako da obradim.

„Trudna sam“, rekla mi je moja devojčica, gledajući me tim svojim predivnim očima prepunim nade i straha.

Prebledeo sam. Mahinalno sam posegnuo za čašom vode, bio sam bez reakcije nekoliko trenutaka, ukočen na njenom kožnom trosedu, poput skulpture. Zaledio sam se. Umro sam od straha, od panike.

„Trudna sam“, to je zvučalo kao neka strašna oluja, zemljotres, kao elementarna nepogoda koja me je dočekala nespremnog. Ona ima trideset pet godina, biološki sat joj otkucava, ali otkucava i meni, pobogu!, ja imam dvoje odrasle dece, ženu sa kojom sam u braku, imam život, porodicu, oh neeeeeeee, nije mi ovo trebalo, čekaj malo da razmislim, nisam sa ovim računao, tutnjale su mi te misli kroz glavu, nisam ovo planirao, da li je moguće, jebem ti život, upomooooć, ne znam šta da kažem, šta god da kažem biće sranje, ovo je teško sranje, i jedino što sam uspeo da izgovorim bilo je kao iz loših životnih priča iz novina, o bednim muškarcima koji svojom sebičnošću povređuju svoje trudne devojke.

Studija slučaja jedne tipične muške sline.

„I, šta planiraš?“, pitao sam tiho.

Ana je stajala nasred ove sobe, u baletankama i beloj haljini-košulji, ruku prekrštenih na grudima, osmeha smrznutog na licu. Nije verovala u ono što je upravo čula. Moje reči polako su joj dopirale do svesti, trajao je taj trenutak nepodnošljivo dugo, obrađivala ih je, i na kraju, sa žaljenjem samo je potvrdila sve ono što ionako zna o životu, meni, muškarcima, ženama, kukavičluku, sve ono što je čučalo sabijeno u tom malom bednom pilatovskom pitanju.

Da, prao sam ruke od svega.

A onda su se njene oči pretvorile u dva jezera. Plakala je nemo bez reči, učinilo mi se u jednom trenutku da se zanjihala, da će da padne. Ustao sam i zagrlio je.

Odgurnula me je snažno, a u njenim očima plivali su očaj, duboko razočaranje, mržnja i bes.

Krenuo sam da mucam da nisam tako mislio, da me nije dobro razumela, da ću da podržim svaku njenu odluku, ali da u ovom trenutku možda nisam spreman, ali ako ona želi, da nema problema, naravno da nema problema, da sam uz nju, da ne znam da li sam spreman, da je molim da me razume, da me je srećna vest potrefila kao grom iz vedra neba, da je to u stvari divno, da je volim, da ćemo sve da rešimo nekako, da nisam ništa loše mislio kad sam je pitao šta planira.

„Ostavi me“, rekla je neumoljivo, i pokazala mi rukom vrata.

I, nije ostala trudna.

Ne znam kako sam uspeo da je vratim.

Molio sam je, čekao je ispred posla, zvao je telefonom, slao sam joj bukete cveća, napisao sam joj tri pisma, reči kajanja, reči samouništenja, stvarao sam svetove, izmišljao buduću sreću, mašta je često mnogo galantnija od života, izvinjavao se, govorio joj da je u pitanju bio nesporazum, da nisam imao ništa protiv, da me nije dobro shvatila i da je tako sama odlučila, da mi je žao, da mi se srce cepa. I cepalo mi se. Mislio sam da ću da uvenem.

I onda je popustila.

Obećao sam joj da ću joj sve nadoknaditi.

Ona je rekla da joj bar to dugujem.

Dok sam je grlio na jedrilici, o tome sam mislio. Koliko sam je samo povredio, i koliko je divna što to nikada više ni jednom jedinom rečju nije pomenula. Ali sada je sve okej, oprostila mi je, zajedno smo, i šta čovek više može da poželi u životu, osim da ovako, kao ovo leto na jedrilici, bude svako sledeće?

L, leto. Ovo leto, avgust, sinoć.

Vesna je sinoć, kad smo već bili na trećoj flaši vina, sećajući sa najneverovatnijih trenutaka našeg zajedničkog života, i to bez ikakve gorčine, što je bilo prijatno za čuti, pomenula kako smo mogli da imamo još dece.

„Jesi zaboravio?"

„Nisam", rekao sam iznenađen, „nije mi jasno zašto to sad pominješ", trgao sam se, opečen. Štrecnulo me je to pitanje. Mahinalno sam pipnuo telefon u džepu pantalona.

„Zato što", Vesna je upala u jedno od svojih kreativnih stanja „trenutak filozofske poezije" – kako je to sama nazivala – „danas mi je to, dok sam te pakovala, palo na pamet.

Imam teoriju da su danas sva naša deca rođena na račun neke prethodne ili buduće dece koja nisu bila te sreće."

Nisam imao šta da kažem na to.

Mudra i potresna misao.

L, lako, lakoća.

Vesna ima tu lakoću da definiše stvari.

Lepo je bilo sinoć sa Vesnom.

Lj

Ljubav, ljubomora, ljudi, Ljudmila.

Ljubav.

Mora da je muzički urednik ovog radija zaljubljen, pomišljam, nije normalno kakvu muziku pušta! Evo, sad upravo ide „*Crazy love*",* mračno dobra stvar ove bivše ribe Mika Džegera, njeno ime mi je na vrh jezika, glas joj je hrapav i divan, uz ovu pesmu čak i sam možeš da piješ vino.

Luda ljubav je svuda oko mene
Ljubav je luda i lepa
I znam nekako da ćeš me naći
Ljubav je luda, ljubav je slepa.

Lj, kao Ljudmila.

Ljuda, kao junakinja Majakovskog, „Kažite sestrar
Ljudi i Olji, da vašeg sina nešto divno boli", he-he, d

---

* *Luda ljubav*, Marijana Fejtful.

je što još uvek pamtim stihove kojima sam Vesnu bacao u nesvest, kad smo se zabavljali.

Ljuda, moja mala Ruskinja koju sam našao u Moskvi, koju je neko poslao da nam sprema kancelarije, bilo je to pre deset godina, možda malo manje, Ljudmila, nežna kao ruski jezik, umilno plavooko mače, sa visoko podignutim jagodicama i usnama boje šama od jagoda, pamtim te blede drhtave usne i stidljivi skoro dečji osmeh, moja mala Ruskinja koja me je volela. Koju sam jedno vreme mislio da volim.

Dovodio sam je u moju hotelsku sobu, skidao joj tanku haljinu i trljao joj ruke promrzle od zime, terao je da mi govori „ničevo, ničevo", ona bi se kikotavo smejala, a ja sam joj rekao da mora da me zove „Kolja". Ona je razrogačila oči i ponavljala „počemu",* a ja sam, natucajući ruski, govorio: „Ja haću ti skazal minja, KOLJA, eta tak pa ruski."**

I govorila je: „Kolja, daragoj Kolja, milij Kolja",*** i ja sam se slivao po patosu zajedno s njom, votkom, i njenim mekim samoglasnicima, zagrcnut kao neki ruski romantik, koji malu Ljudmilu spasava od svih nepravdi sveta, koji njenom malom sinu kupuje igračke, i koji u toj hotelskoj sobi, kao u babuški, pronalazi najistinskiju od svih ljubavi koje je sreo. Moj mali ruski zanos. Ljubavna stepa. Nešto daleko, malo i romantično, u vezi sa svim filmovima Nikite Mihalkova koje sam gledao.

Bila je to jedna sitna, drhtava ljubav od petnaest reči, bez budućnosti i prošlosti, bez ičega, ljubav u tankoj

---

* Zašto.

** Želim da mi kažeš Kolja, to je tako ruski.

*** Dragi Kolja, mili Kolja.

haljinici i debelim čizmama, istrzana mojim dolascima koji nisu poznavali nikakav red, sinkopirana mala ljubav, ljubav koja ništa nije tražila, ništa zamerala, ništa obećavala, samohrana mala ljubav, nikla usred svog tog snega i mraza, ljubav koja mi je dolazila u snove, posle, kad bih se vratio kući.

Lj, kao ljubomora.

Vesna je imala ponekad ljubomorne ispade. Jednom je, sećam se, napravila sranje u šest ujutro. Taman sam se probudio, otvorio oči i zatekao njeno ljutito lice nad sobom. Drmala me je za rame.

„Ko je Ljudmila?“

„Molim?“

„Ko je Ljudmila?“, ponovila je pitanje besno, glas joj je drhtao.

Odmah sam se razbudio. Odakle zna za Ljudmilu, da li je ovo normalno, za Ljudmilu ne zna ama baš niko.

„O čemu pričaš? Nemam pojma o čemu pričaš? Mora da si nešto sanjala. Daj, maco, nemoj da mi dižeš frku od sabajle. Kakva Ljudmila te je spopala? Nemoj da buncaš. „

„Ne buncam ja, nego ti! Cele noći si u snu govorio ’Ljudmila’.“

Počeo sam da se smejem da opustim situaciju.

„Pa, jebem mu majku, sad treba da budem odgovoran i za svoje snove?“

Nije mi mogla ništa. Bes joj je popustio.

„Dođi ovamo“, povukao sam je ka sebi. Sa olakšanjem i krotko, jer snovi su snovi i niko namerno ne sanja ništa, je l’ tako? Legla je pored mene, i stavivši glavu na moje rame, pomirljivo me pitala:

„Reci mi, iskreno, je l’ u Moskvi ima neka Ljudmila?“

„Ima ih bar sto hiljada, iskreno", mazio sam joj ruku, i mislio na malu Ljudmilu koju sam tri večeri pre toga stavio na taksi i poslao nazad mužu i sinu.

„Ne, stvarno te pitam, nema Ljudmile?"

„Jesi normalna", rekao sam, „opusti se."

Nisam bio mnogo ubedljiv, ali ona je želela da veruje u to.

Ranije je umela da sikće kada bi osetila da nešto muljam. Krio sam svoje male afere, vrlo detaljno planirajući uklanjanje svih potencijalnih tragova. Lepo je rekao Mark Tven, onaj ko govori istinu, ne mora ništa da pamti, a ja sam morao da pamtim i da sa sobom vodim svog malog mentalnog forenzičara. Nisam želeo da je nerviram, nisam želeo da mi takve nebitne male pizdarije unište brak.

Ljubomora. Hm, ja sam pomalo ljubomoran. Ana. U njenom društvu, s vremena na vreme, osetim mrvicu ljubomore. Ti mladi frajeri od 35 godina. Dobro obučeni, opušteni, logoreični, sa dobrim kosama, vitki, moderni, slobodni, ponekad izazivaju u meni nešto nalik panici. Ponekad mi izgleda kao da sam među njima nevidljiv. Da li bi Anu, koja je sa mnom ponovo otkrila svoju ženstvenu stranu, mogao da odvoji neki od njih? Ona je sa mnom postala princeza, ali emancipovanim ribama bajke brzo dosade. Da li me Ana poredi s njima, kao što se ja poredim?

L, kao laž. Lagao sam, ali uvek samo zbog višeg cilja. Najveće laži o sebi izrekao sam sâm. Ali najmanje sam lagao Vesnu, iako sam je lagao samo da joj ne bih izazivao ljubomoru, nisam želeo da moja žena bude nesrećna. Zaista nisam želeo da pati.

Kad sam počeo sebi da se dopadam, na način na koji se beogradski frajeri lože na sebe, okupan osećanjem svemoći koji mi je davala lova koju sam zarađivao, ponekad bih se potrudio da Vesna vidi, uživo, kakav sam frajer. Da me vidi očima drugih ljudi.

Ona je uvek bila superiornija od mene.

Ja sam inače ludeo od ljubomore, u svakom društvu, jer kad ona govori, svi je slušaju, a ja sam često po nekoliko puta počinjao rečenicu pre nego što bi iko obratio pažnju na ono što govorim. Zatim, često je umela da završava moje rečenice u društvu, od čega sam dobijao ospice. Nije morala nikada preterano da se trudi da bi bila primećena. Zanimljivija je od mene, a često je, i kad smo bili sami, umela, na svoj vrlo diskretan način, da mi stavi do znanja da još moram da se potrudim da bih je stigao.

Čak je i u odnosu prema novcu umela da me spusti. Njoj to nije preterano važno (đavola nije!!!).

„Nemoj da se pališ na sebe!"

„Opaaa, opet imamo nove najbolje prijatelje."

„Jesi ga izvadio pred svima? Na tompus mislim. Je l' tvoj bio najveći?"

Nije bilo prijatno slušati sve te zajedljive istine, a da ne poželiš da joj pokažeš kako, u stvari, stoje stvari.

Zauzvrat, ja sam svakoj, ali bukvalno svakoj ženi u njenom prisustvu govorio „lepotice". Trudio sam se da me žene primete. U stvari, možda sam se stalno trudio da me ona primeti, Vesna, moja žena?!? Nije li to ludilo? Trudio sam se da ostavim utisak, i ona je šizila. Ako je za to bilo potrebno da izigravam i ludo zaljubljenog muža, ljubio sam Vesnu pred svima, a onda sam ispod oka posmatrao fascinaciju koju sam izazvao.

Moja ljubomora? Nisam dozvoljavao da se vidi. Pametan čovek koji drži do sebe ne dozvoljava sebi tu vrstu slabosti, tim pre što mi Vesna, ruku na srce, i nije davala mnogo povoda da budem ljubomoran. Koliko znam. Koliko sam znao. Davala mi je često povoda da budem ponosan, ili da se osećam ugroženo.

Ipak, jednom sam bio ljubomoran. I tu svoju ljubomoru, koja je počela da se rasplamsava samo zbog jednog jedinog pogleda uperenog ka njoj, zbog jednog stidljivog malog pogleda koji sam bez greške detektovao, ubio sam jedinim rešenjem koje mi nije palo teško.

I, ne kajem se, nimalo.

M

Napisao sam Marta, mržnja, muka, milost, menice, mrak.

Marta, moja dvadesetogodišnja ćerka, koja mi se javlja jednom u desetak dana telefonom iz Londona.

„Tata, kako si?“, pita i ja se rastopim od miline, ponekad mislim da je jedino Marti zaista stalo da ja budem dobro. Ne, u stvari, Marta je jedina koja me iskreno pita kako sam. Ili sam to sad malo umislio, preuveličao? Njoj je super, snašla se tamo, već je počela da daje kolokvijume.

„Ćao, tata, kako si?“

Rastopim se kad to čujem.

„Ja sam super, odlična mi je ekipa, engleski mi je sve bolji, niste me džabe poslali, aj’ ćao, žurim sada, čujemo se.“

Sve je super, reč koja označava toliko toga, reč oko koje se ne postavlja nikakvo dodatno pitanje. „Super“ je opis današnjice. Ona je otišla na studije, ja sam ponosni tata, i jedino što me zanima jeste da ona bude srećna i da njoj bude dobro. Da joj bude superiška. Kad ode ćerka, ostariš za noć, pa je „super“ ono što čini da bar mirno spavaš.

Kao što sam možda već rekao, kad deca odrastu i kada i fizički odu od roditelja, ostaje kao neka mala pustinja u stanu, u životu. Praznina.

Samo što, u našem slučaju, svi smo otišli. Luka, pa Marta, i na kraju ja. Mora da je Vesni pakao, ali ona sve to, koliko mogu da vidim, savršeno nosi. Super je ona.

Hm, sad mi pada na pamet kako u našoj porodici olako stavljamo jedni druge u fioke sreće. Luka je srećan. Marta je srećna. Vesna sve dobro podnosi. I kako je to jedan lagani način da prestanemo da brinemo jedni o drugima, da se stvarno udubljujemo u pitanje „kako si?" Kad izmestiš ljude iz vidokruga, problemi nestaju. Nekad se to zvalo guranje pod tepih. Danas su to odlasci. Pravi odlasci, napuštanja. Sloboda od briga.

Mislim da joj Vesna još uvek nije ništa rekla i zahvalan sam joj na tome. Zasad je sve u redu, jer očigledno je da Marta nema pojma. Da ne zna za mene i Anu. Da još uvek ne zna da sam napustio našu kuću. Da sam ostavio Vesnu. Uh, kako mi sad ovo zvuči grozno. Mnogo blaže sve to zvuči kada kažem „mi smo se rastali".

Da zna za ovaj beogradski rasplet, Marta mi verovatno ne bi ni okrenula telefon, što i nije za osudu. Tako reaguju ćerke koje obožavaju očeve.

Priznajem da nisam još uvek spreman za tu scenu – da mi Marta kaže šta misli o svemu. Mora da devojci od dvadeset godina zvuči strašno i sama ta pomisao – da je tata ostavio mamu, posle 25 godina braka. Da je tatu stiglo mladalačko ludilo, da je tata prolupao i da je odlučio da opet bude malo dečko. Da se tata zaljubio u neku devojku. Da je mama očajna. Da je ostala sama, među zidovima i fotografijama. Da je naša priča, tako „faking" tipična.

Pa, ja u nekom smislu, i jesam tipičan lik. Nisam mislio ni na Martu ni na Luku, kad sam brljao, da se ne lažemo. Mislio sam malo na Vesnu, više ono da bih izbegao frku, ali ne misliš na decu kad razvaljuješ sopstveni brak, pogotovo ne na decu koja su već velika. Ne misliš ni na koga osim na sebe. Braniš sopstvenu slobodu, svoje pravo na izbore, svoje pravo da, napokon, „malo živiš". Jer, svet je danas tako uređen - nemaju li danas roditelji, više nego ikada ranije, „društvenu dozvolu da malo žive"? Zar novine i TV serije i filmovi nisu prepuni upravo takvih poruka? Čini što ti je volja! Pozdravio nas je sve, glupe, Alester Krouli.

Ali očevi i ćerke, to je neka posebna veza, uvek je tako bilo, ako ni za šta drugo, ono za literaturu, za sećanje.

Marta, moja devojčica koja je umela da me zagrli, da mi sedne u krilo, da mi raspprši svaku brigu, i nervozu. Nisam mogao da podnesem da mi ona plače ili da bude tužna. Kad je Luka plakao, nervirao me je. Dečaci ne treba da cmizdre. Kad je Marta plakala, srce mi se cepalo, i možda sam bio suviše sebičan, ali očigledno da to nisam uspevao dobro da sakrijem, tu razliku.

Vesna je uvek govorila da smo nas dvoje neki mali tim. Kad se svađala sa Vesnom, uvek je dolazila kod mene po zaštitu, umela je sa mnom, mala Marta. I onda, kad je malo porasla i kad je postala svesna svojih igrica, učinila je tu našu vezu još jačom.

Deca vole roditelja koji im popušta, koji im se divi. Bio sam tata koji ispunjava želje svojoj deci - Barbike su stizale sa putovanja, haljinice sa žiponima, i posle dobre šarene torbice, patike, sve što je poželela. Zanimljivo je kako lova može da ti pribavi i dečju ljubav. Ekonomija porodičnog poretka prilično je promenjena. Ja sam bio taj koji daje, koji ispunjava želje, Vesna je bila ona koja mora da se sluša, koja grdi, kažnjava i stavlja ograničenja. Ja sam bio dobri policajac koji se nikome ne zamera. Koji mora biti voljen.

Kad govorim o ljubomori, onda je ovo možda najvažnija priča na tu temu. Sve te ribe, moja bulažnjenja u snovima, prevare, kasni dolasci kući, tuđi parfemi, laganja, sve je to ništa u odnosu na ovu priču. Sećam se jednog trenutka u kome je moja infantilnost bila toliko očigledna, da me je posle bilo sramota.

Vesna je peglala, toga se sećam, hrpa veša bila je u dnevnoj sobi, radio je bio uključen, treštala je muzika, rokenrol po Martinom ukusu, Marta se spremala za matursko veče, nervoza je preplavila celu kuću, histerija adolescentkinje koja se oblači, svlači, menja cipele, besni, plače, jer je odjednom shvatila da je debela, i da je ružna, i da ima male grudi, a zatim je shvatila da joj se haljina koja je birana mesecima ne sviđa, da joj ne ide uz sandale, da joj je frizura grozna, zatim je utišavala muziku, pa je pojačavala, dok je Vesna ispod oka gledala svoju razmaženu ćerku i uzdržavala se svim silama da ne eksplodira.

Ja sam koji minut ranije došao kući, svež, i odlično raspoložen, pošto sam izašao iz kancelarije i zujao gradom na novoj vespi koju sam mesec dana ranije kupio i koja mi je zaokupljala pažnju kao da ja idem na maturu a ne moja ćerka.

Sunčano popodne u Beogradu u maju, moja crvena vespa i ja – neverovatno je kako pedesetogodišnjak može da postane mladić, samo jednim onim „brm-brm-brm“, i onda logično – bašta kafića, jedna, pa druga, pa treća, *Ljubav i moda*, a male nove Bebe Lončar su tu, svuda oko mene, život tek počinje, zar ne?

Kad sam video Vesnu koja pegla, i Martu koja besni, stvarnost me je opalila u lice. Mali porodični haos, stvarnost koja briše svaki film: Vesna u papučama i sa podočnjacima, i sa tom daskom za peglanje, i pomislio sam kako nekako tu ne pripadam, kako bi bilo bolje da sam još malo ostao napolju i tutnjao bez cilja i bez nekih naročitih misli, sa očima izvan svakog zla, kao svaki srećan mladić.

Ćerka mi ide na maturu, žena je besna, kuća je u haosu, a ja sam do pre pet minuta zamišljao kako sam beogradski lahor, bez obaveze, bez sećanja, dečko koji obećava, pred kojim je sjajna neozbiljna budućnost. Kakve ovo ima veze sa mnom?

Prethodne večeri Marta je uz scenu i ne bez adolescentskog gađenja izričito naredila da je niko od nas ne prati na maturu, jer „ne ide u rat“, i jer „nismo seljačine“ i jer „nikom normalnom neće doći matorci“.

„Okej, dogovoreno“, rekli smo skoro uglas Vesna i ja, i ta stvar je bila završena, još sinoć.

I onda se Marta, napokon, spremila.

U haljini boje lavande, sa ukrasima od kristala, i sa puštenom kosom, u vrtoglavo visokim štiklama, moja ćerka, koja nosi patike i farmerke uglavnom, izgledala mi je je kao princeza, odjednom odrasla princeza koja ide na svoj prvi bal.

„Divno izgledaš, Marta“, rekla je Vesna, ja sam počeo da aplaudiram, a Marta je frknula.

„Grozna sam, pustite me na miru!“

I onda sam ja nastupio: ne može moja mezimica da ide na matursko veče tako loše raspoložena, sa tako malo samopouzdanja, tako nesigurna u sebe. Tu je veliki tata.

„Hoćeš da te ja odvezem?"

Pogledala me je besno i odmahnula glavom, izraz lica joj je govorio „da li si ti normalan?".

„Vespom?"

Mali osmeh joj je zaigrao na usnama.

„Da budeš jedina devojka koja će doći vespom? Zamisli? Zar to nije vrh? Strava? Super? Kul?"

„Jesi ti normalan?", umešala se Vesna.

„Da te tvoj mladi tata doveze pred hotel i da svi padnu u nesvest? Što, pa ne izgledam loše? Dobro sam obučen, farmerke, ovo-ono, brm-brm, i to će da bude veliki ulazak, šta kažeš? Neću te obrukati."

Dopala joj se ideja. Na trenutak se zamislila, izgledala je kao da joj se pred očima već vrti taj film, to kako stižemo vespom i kako je njeno društvo zinulo.

„Može. Super. Strava! Hvala ti, tata."

„A ja?", pitala je Vesna, sa nekom tugom u glasu, kao da je unapred znala kakav je odgovor. Da je odbačena. Mahinalno je rukom prešla preko kose da popravi utisak.

Isključila je peglu, i stavila ruke na kukove, gledajući čas mene čas Martu, i izgledala mi je tada, sa tim blago oznojenim licem, bez frizure, i bez šminke, u farmerkama i staroj majici razvaljenog okovratnika, kao neka očajna domaćica, kao nečija tuđa žena i majka, zalutala bez pitanja u naš, moj i Martin, mali raj, kao da je u ovu scenu stigla iz neke druge, neuporedivo običnije priče. Nije ni po čemu pripadala ovoj maloj bajci.

„Ti? Ne dolaziš u obzir“, rekla je Marta prilično grubo. „Samo tata! Idemo!“

„Na vespu ionako mogu da sednu dvoje“, slegnuo sam ramenima kao da sam joj rekao „život je takav, nemaš sreće“, uhvatio sam Martu za ruku i krenuo napolje, na maturu. Bila je to na neki način i moja matura.

I nisam mogao da ne primetim Vesnino lice koje je u jednoj jedinoj sekundi postalo bledo kao mesec, i tako usamljeno, napušteno i udaljeno. Pomislio sam na tren kako je život nepravedan, ali je ta mala nelagodnost bila raspršena onoga trenutka kad sam upalio vespu, i kada se nežna ruka moje ćerke obavila oko mene.

„Tata, koji si ti genije“, vrisnula je Marta, „niko neće ovako doći!“

I osećao sam se tako mlado uz moju ćerku, tako posebno, jer je meni i nikom drugom dozvolila da na trenutak uđem u njen svet. Laskalo mi je to što sam nečim zaslužio tu veliku privilegiju da me ćerka prikaže svom društvu.

Sredovečnoj budali, poput mene, ne treba mnogo. Bilo mi je dovoljno što su Martine drugarice i drugovi videli to kako mi stižemo, što su se svi okrenuli, što je odjeknuo aplauz, pa sam, ponosan kao paun, samo prošao rukom kroz kosu, praveći se da gledam Martu kako odlazi svome jatu – u stvari, krajičkom oka posmatrao sam kakav utisak ostavljam na osamnaestogodišnjakinje i mogao sam sebi da čestitam.

Kad se okrenula, Marta mi je mahnula, ali je u tom mahanju rukom bilo i izvesne odsečnosti. Odmahivala mi je. Dala mi je diskretno znak da treba da se pokupim i odem, govorio je taj pokret „beži sada, idi“, to je naređivao taj mali trzaj nadlanicom, da sam svoju misiju završio i da mi više nije mesto tu.

Nije mi bilo pravo. Upalio sam vespu i hteo sam da mahnem, ali više nisam imao kome.

Čarolija je nestala.

Sada mi pada na pamet da je to sa našom decom, sa tim razdraganim mahanjem i odmahivanjem koje sledi, koliko god nas to bolelo, prirodni balet života, njegova neumitna koreografija.

I, naravno, manje boli kada se okreneš i odeš pre nego što to mahanje preraste u ono „beži, tata“.

M, kao mržnja.

Mrzela me je Vesna te večeri kad sam se vratio kući, zatekao sam je sa kiselim izrazom lica.

„Lepo sam je odvezao, baš je bila srećna“, rekao sam.

„Lepo“, procedila je suvo.

„Jesi li ti to plakala?“

„Možda suza ili dve“, glas joj je drhtao.

„Nemoj da si takva. Pa ima li ičeg lepšeg i prirodnijeg nego da tata odvede ćerku na matursko veče? Nisi valjda ljubomorna?“ Nisam mogao da sakrijem osmeh, mali trijumf.

„Ljubomorna sam i povređena. I mrzim te! Da, mrzim tebe!“

Pokazala je prstom na mene, kao da nas je bilo nekoliko u sobi.

Počeo sam da se smejem glasno. Bila mi je čak simpatična sa tom iznenadnom dramom. Izgledala je kao propala glumica u nekom komadu, na primer, Tenesija Vilijamsa, s tim konjskim repom i pramenovima koji su joj padali na lice, u smaknutim farmerkama, umorna od života u kojem je niko ne razume.

„Rodiš dete, sve mu daš, ljubav, pažnju, nežnost, i u najvažnijem danu za majku i ćerku, ona izabere tebe? Tebe, koji si slučajni turista u njenom odrastanju, tebe koji si uvek bio popustljivi tata, meni da kaže 'ti ostaješ kod kuće', a tebi da kaže da si genije…"

„Što, šta mi fali?"

Pogledala me je zapanjeno, na ivici da brizne u plač, ali se kontrolisala odjednom, razmišljala je šta da kaže i brzinom munje se prešaltovala sa melodramskog na psihoanalitički teren.

„Fali ti malo saosećanja."

„Je li? Tebe opet niko ne razume?"

„Mladi tata", počela je da sc cinično smeje. „Nemoj da se pališ, sa tvojom vespicom zamišljaš da si neki dasa?"

„Zar nisam?", uvukao sam stomak i napumpao grudi.

Pogledala me je prvo sa mešavinom gađenja i sažaljenja, i besa, ali ja sam i dalje držao vazduh u plućima, i podigao sam ruke sa napumpanim mišićima, i počeo sam da kolutam očima, da bih je nasmejao, da se ovo ne bi pretvorilo u psihoanalitičku seansu o mojoj nezrelosti i mom narcizmu, zaboga!, naša ćerka je otišla na matursko veče i treba da se radujemo, i onda sam, uz ropac, ispustio vazduh, i ona se nasmejala.

Ona se nasmejala, jer je bilo smešno, jer sam bio smešan, i nije ni morala ništa više da mi kaže, znao sam da sam preterao. Znao sam sve reči kojc je progutala te večeri.

O tome da smo je ostavili. O tome da sam je ja ostavio samu na toj obali sredovečnosti, na kojoj sunce samo zalazi, i na koju se više nikada neću vratiti.

Da popravim bar malo situaciju, naterao sam je da se sredi, našminka, obuče, i onda sam je, da je utešim, popeo na vespu. Opalili smo tri kruga po kraju, a onda smo seli u kafić, u ulici ispod nas, i lepo, kao normalni ljudi nazdravili životu, Marti, maturi i nama.

Problem je bio, međutim, u tome što smo i ona i ja znali da vespa nije porodično prevozno sredstvo.

Mržnja.

Posle ljubavi, dolazi mržnja. Ponekad mržnja postaje fenomenalno sredstvo za uklanjanje krivice. Za ofanzivu na grižu savesti. Kako može de te grize savest za nešto što si uradio nekome koga mrziš?

Što se mržnje tiče, radio sam na njoj. Ona se gradi, mržnja je projekat.

Otkako se pojavila Ana, to je počelo.

U jednom trenutku počeo sam da mrzim sebe. A onda je bilo vrlo lako tu mržnju transferisati na Vesnu. Tako funkcioniše čovek.

Recimo da sam mnogo razmišljao o tome u ova dva meseca otkako sam otišao.

Sve počinje sa nelagodnošću i osećanjem krivice. Zatim sledi faza zataškavanja, glumljenja, dvostrukog života i nije da u tome nema i izvesnog uživanja. Napetosti, „suspensa“, trilera. Drhtanja. Uzbuđenja. Slagati, izmišljati, kombinovati, pisati scenarije, odigrati predstavu u dva pozorišta, u Vesninom i Aninom, mnogo drame, koncentracije, vodviljskog otvaranja pogrešnih vrata, komedije zabune, i na kraju – hepiend.

I, onda sledi poređenje. Faza poređenja je uvod u mržnju. Mislim da to uvek počne nekom sitnicom.

Ovo je ta scena. Došao sam kući. Veče je. Vesna gleda televiziju, neku seriju, mahne mi rukom, ovlaš, taj mali obični gest znači „nemoj sad da me prekidaš!“. Izvaljena je na kauču u dnevnoj sobi, opuštena, pojačava ton daljincem, ispred nje je šolja sa čajem. *Ikeino* plišano ćebence prebačeno joj je preko bokova. Dok prolazim pored nje, stavljam joj kažiprst na rame. Formalni gest formalnog muža koji se trudi da zabašuri tragove.

„Ćao“, kaže odsutno, zagledana u nekog danskog inspektora za ubistva.

Srećan sam što ne diže pogled, život je neuporedivo lakši sa dobrim krimi-serijama, jer bi se, možda, bez toga videlo nešto što samo tvoja rođena žena može da vidi – da sam bio kod moje Ane, lepotice lepe, koja ima dugačku gustu prirodnu smeđu kosu, uvek mirišljavu, savršeno isfeniranu, i da sam je ljubio do malopre.

I, dok sam spuštao kažiprst na Vesnino rame, vidim njen razdeljak, to je samo delić sekunde, zbilja trajalo je to koliko i treptaj oka, i vidim njenu izraslu kosu, i nekoliko sedih vlasi, i nešto me pogodi u stomak. Osetim gađenje, a potom odmah i sažaljenje.

Vesna je stara. Izanđala. Propala. Opasna. Nepodnošljiva.

„Gde si bio?“, pita nezainteresovano, čak se i ne osvrne, i ja se iznerviram, ali to ne pokazujem, „šta si mi ti, keva, da ti polažem račune“, pomislim, i udahnem vazduh, a onda teatralno glasno zevnem.

„Na nekoj večeri, dosadnoj. Gledaj film, neću da ti smetam."

Odem u kupatilo, dugo se tuširam. Žao mi je što sam to pomislio, ništa mi nije uradila. Ništa nije kriva. I onda se brzo uvučem u krevet i legnem i zaspim, samo da ne moram ništa da joj objašnjavam, samo da ne moram više ni o čemu da mislim.

I onda je, malo-pomalo, sve postajalo ili grozno, ili staro, ili prevaziđeno, ili nepodnošljivo.

Njena stopala u najlonkama, način na koji se igra nožnim prstima dok čita knjigu ili gleda televiziju. To kako joj se mrdaju guzovi dok nagnuta nad sudoperom pere džezvu za kafu. Način na koji joj se oči napune suzama kad zeva. Ili, kad stavi masku od gline na lice i paradira po kući kao statista iz onog horora *Deca kukuruza*. Kad cokne jezikom, kad popije prvi gutljaj vina koje joj se sviđa.

„Malo si se ubucila", kažem joj, omakne mi se, nisam ni svestan koliko je analiziram, koliko je spiram sa sebe, neprestano.

„Ja? Nisam", kaže i mahinalno zateže haljinu, zvuči uvređeno.

Jadne žene, koliko su osetljive na višak kilograma, pomislim, jedna takva reč i ops, ode svo ono samopouzdanje, drage moje feministkinje.

„Malo sam se, možda, nadula", skoro da šapuće, proguta kiselinu mojih reči, i onda se umusi. Ne želim da je vređam, ne želim da joj ogadim život, ali to je jače od mene. Radim na gađenju, a gađenje je uvod u mržnju, olakšava je, čisti teren za njenu zastrašujuću paradu.

Sutradan je na fižideru magnetom zakačila veliki papir na kome piše „Čorba dijeta", i sa sobom po kući nosa litarsku plastičnu flašu punu vode, nervozna kao zver, a ja samo razmišljam kako se, jadna, džabe trudi, jer žena od skoro pedeset godina, jebiga, to je biologija.

Ili, dok uzimam svoje cipele iz degažmana, posmatram njenih trideset pari, poređanih po policama, i onda mi pogled padne na njene kućne papuče, razvaljene kožne klompe, tako neženstvene, i samo pomislim kako Ana po kući ide isključivo u baletankama, i onda mi Vesnine cipele, poređane, izgledaju kao jedan opipljiv bukvalan „stari režim", kao razgažena prošlost koja pripada penzionisanoj učiteljici, a ne ženi jednog ovakvog strašnog dase u naponu snage.

Stidim se njenih cipela, njenih skrupuloznih štikli, njenih cipela za izlete, njenih brodarica i mokasina koje imaju nešto tako sredovečno u sebi. Ja sam toliko bolji od toga svega, ja zaslužujem bolje, to sam prevazišao, žao mi je, ali tako je.

Stidim se njenog ukusa, njenog nedostatka onog nečeg posebnog što ima Ana: modernosti, svedenosti, mladosti, lakoće. Stidim se Vesne. A onda se stidim sebe što mi je tako nešto uopšte palo na pamet.

Ili, taj naš frižider, sa tim plastičnim kutijama i najlon kesama, naša supersonična kuhinja i njene sakrivene čokolade iza kutija sa kafom, jebote, moja žena postaje baba, uskoro će krišom ulaziti u poslastičarnice na kraju grada, da na miru i u tišini udovolji svojoj nezasitoj utrobi. Zato se i goji, mora da jede krišom.

Ana jede tako malo, tako otmeno i tako svesno.

I onda, ponekad se zagledam u nju. Tražim nešto ružno, znak, detalj. I vidim joj mali podvaljak, i sa tim podvaljkom vidim joj godine, vidim joj sve godine i naročito one koje dolaze, i stresem se od toga.

Vesna je počela da stari, ugojila se, poružnela je. Postala je zla, zbog sopstvenog nezadovoljstva, ubeđujem sebe i dodajem sve što se može dodati, kopam po starim umišljenim i stvarnim povredama, mažem govnima sve čega se dotaknem. Nikad me i nije razumela. Nikad me i nije stvarno volela. Nikada prema meni nije bila nežna. Nikada mi nije dala podršku ni u čemu. Tretira me kao natkasnu. Uvek me je potcenjivala. O čemu nas dvoje uopšte pričamo poslednjih godina? Ni o čemu. Radi filmove za dokumentarni program televizije i misli da je Dejvid Atenborou. Dosadno mi je, upomoć!

Ana je nežna, Ana je perce, Ana je nojevo perce, Ana je melem, m, kao melem, Ana je melem za moju dušu, Vesna je teret.

Ana je nasmejana, vesela, uvek odlično raspoložena, uvek spremna za akciju, uvek spremna da izađe, da stoji u kafiću, Ana voli da stoji, Vesna voli da sedne, Vesna sedi, i to me izluđuje. Samo tetke sede, gospođe u godinama.

Mogao sam da je zamislim za nekoliko godina u nekom *Šanelu*, kako, šira nego duža, rukom nakinđurenom onim zlatnim narukvicama sa privescima svih oblika koje sam joj ja donosio sa putovanja, grabi vanilice na nekoj slavi i kako cepa neki šeri, i sa umornim ljudima, kakva i sama postaje, priča o pritisku, holesterolu i redovnim pregledima kod porodičnog lekara.

Kada bih je zatekao kako spava, sve češće bih pomislio nešto grozno. Kako bi bilo divno da je nema, da dunem i da nestane, i da mi onda sve bude mnogo lakše. Bilo bi genijalno kad bi ona otišla, na primer. Ponekad sam mogao da čujem kako tiho hrče, i taj zvuk mi je toliko išao na ganglije da mi je svaki put bilo došlo da je probudim i da joj se u facu izurlam: „Postaješ deda, jebote!“

A onda bi mi bilo neopisivo žao.

Bio sam u kolima, u Takovskoj, sećam se toga, bilo je to zimus, vejao je sneg, pahulje su bile okrugle kao iz dečjeg crteža, stajao sam na semaforu i bludeo pogledom okolo, razmišljao o bljuzgavici, o ruskoj zimi, nepotpisanom ugovoru, o Ani sa kojom ću se videti tajno, po podne, u jednom restoranu na Dorćolu, kad sam iznenada spazio Vesnu kako izlazi iz kafića preko puta televizije.

Bila je vitka, u kaputu sa kaišem zavezanim oko struka, podignute kragne, i tašnom dijagonalno prebačenom preko grudi, delovala je tako krhko i tako otmeno, dobro je izgledala, sa tim pahuljama u crvenoj kosi, zagledana ni u šta, a onda se okrenula iza sebe, i obrisala oči.

Nisam joj trubnuo, dao sam gas i ostavio je na pešačkom prelazu, svu u suzama.

Potresla me je ta scena više nego što sam mogao da zamislim, ali me to nije sprečilo da pomislim kako je sad još i depresivna, a ko želi da ima depresivnu ženu, i kakav je to život sa suzama, patnjom, zamerkama i dubokom uvređenošću, sve to sam video svaki put kad bih došao kući.

Mrzeo sam te tišine koje mi je priređivala.

„Ja sam zarobljen!“, vikao je moj unutrašnji glas, i terao me da bežim iz kuće, da što pre odem i da se što kasnije vratim, da otrčim da se vidim sa Anom i njenim mladim uspešnim prijateljima koji su bili tako neopterećujući – reklame, snimanja, kampanje, slogani, savremene tehnologije, moć *Instagrama*, zamor oko apdejtovanja sajtova, pičevi, avanture, vina, duga stajanja, najnoviji trendovi. Divne teme.

S njima se osećam kao da me je neko izuzeo iz aktuelne stvarnosti i stavio me u neki fenomenalan moderan rijaliti u kome se dele komplimenti, u kome smo svi „na ti", u kome sam ravan njima koji još uvek ne mogu da se slože oko toga koja kafa je najbolja za espreso, koja zelena salata ide najbolje sa pinjolima, i da li u Beogradu može negde uopšte da se nađe *diamond chair* Harija Bertoje, pošto je industrijski dizajn iz sredine prošlog veka sada ponovo toliko tražen. Pamtio sam sva ta imena, i posle sam išao na internet da to sve još malo proučim, da ne ispadnem neko ko je izgubio korak sa vremenom.

I onda, počeo sam da budem prgav.

Nalazio sam joj mane, za gluposti. Mislim, ne razumem, okej, znam da su sudovi u mašini, ali kako je mogla da mi dâ kafu u rasparenoj šoljici i tacni? To se kod Ane ni u ludilu ne bi desilo.

„Pržila si luk?"

„Nisam, šta ti je?", branila se, ne kapirajući šta me je spopalo.

„Nisam uopšte kuvala. Nemam kome da kuvam." Glas joj je bio rezigniran.

Ne mogu to da slušam. Ne želim to da slušam. Istina zamara.

„Šta mi smrdi na luk, ovaj stan smrdi, sve smrdi!"

Otvaram širom prozore i vetrim kuću. Vesna je naslonjena na kuhinjski pult i široko otvorenih očiju gleda mene kako besnim, verovatno razmišljajući o tome kako sam odjednom postao „žena na ivici nervnog sloma".

Dok promaja cepa i muči zavese u celom stanu, a ja poput oficira strojevim korakom špartam kroz kuću, Vesna mi zadaje bolan udarac.

„Malo si popustio sa živcima", kaže.

„Jaaaaaa!?", zaurlam. „Ja, popustio? Ja popustio sa živcima? Samo ne mogu da idem bilo gde i da mi se po sakoima vuče Srbija, kapiraš."

Ona se nasmeje samo jednom polovinom usana, spremna da me razvali.

Ja, zatim, poslušno i sa izvesnim pokajanjem zatvaram prozore.

„Tako, sad je otišlo", promucam i jedino o čemu mislim jeste da ne mogu da podnesem taj njen smeh, to kikotanje, taj njen sarkazam koji se ponekad probije na površinu, tu njenu izveštačenost, to što me gleda, sad me gleda, mora da je nešto provalila, mrzim kad me gleda, bolje bi bilo da se svađamo, ali ona se u poslednje vreme uopšte ne svađa i to me nervira, mrzim što se ona pravi kao da ništa ne vidi, meni je život u ovoj kući nepodnošljiv! Šta me gleda, kog đavola? Prestani da me gledaš! Prestani da mi šalješ kose poglede dok prostireš moj novi veš, moje nove fine gaće i majice, koje kupujem bez tvoje kontrole, moje gaće – moja sloboda, prestani više da me kontrolišeš, skeniraš, zaključuješ, ne mogu to da podnesem!

Mrzim, mrzim, mrzim.

I mrzim što se plašim da kažem da je mrzim. I mrzim što nemam petlju da nešto promenim, i mrzim je jer je ona kriva za sve – kriva je najviše zato što se ne usuđujem da je napustim.

Kriva je što vodim dvostruki život, što sam postao lažov, što neprestano kalkulišem, što ne mogu da se opustim, ona je moj kamen oko vrata! O, kako je bilo divno zimus kad je otišla sa drugaricama u Gou, imao sam dvanaest dana potpune slobode, to je bilo tako olakšavajuće, to je bio praznik koji sam zaista valjda i ja nečim zaslužio, i mrzeo sam kad se posle vratila, i kad se taj život koji mrzim nastavio.

Kad se vratila, došla je pocrnela, sa kajalom na očima, prelepe su joj bile oči, ali to mi više nije dovoljno, ona to ne kapira, imala je zelenu svilenu maramu oko vrata, lepša nego ikad u poslednjih nekoliko godina, jebote šta je ona, neka veštica, utvara koja me mami i ne da mi slobodu, a obećao sam Ani da ću posle Nove godine nekako sve da rešim, dao sam Ani reč, Ana čeka, a Vesni se nikuda ne žuri, mrzim je zbog toga, želim slobodu, želim da moj život, kad do njega dođe, bude jedno neprestano fantastično nezaboravno letovanje.

Mrzeo sam što moram da govorim ono što se moralo reći.

„Ana, ljubavi, strpi se još malo, rešiću to."

„Kada više? Ne mogu više da se krijem, da li ti razumeš šta ti govorim?"

„Razumem, ljubavi, ali samo da uhvatim pravi trenutak. Da ne bude tragedija. Da ne razlupam sve. Da ne odem od nje kao slomljen čovek, kapiraš? Ne želiš me, valjda, slomljenog?"

„Kapiram. Ali ovako možeš da vozaš unedogled."

„Ne vozam te, veruj mi, znam šta radim. Želim da sve to bude civilizovano. Ne želimo probleme, je l' tako?"

Mrzeo sam ove scene. Mrzeo sam ove razgovore, gadio sam se sebi zbog svega.

A najviše sam mrzeo to što se Vesna trudila. Vesna se trudila, i to je bilo nepodnošljivo. Taj njen trud da nešto spase, to me je ubijalo. To što je oslabila, to što je bila pristojna, što se odjednom uzdržavala od svađa, jednom je čak rekla „dosadno mi je da se svađam", čuj, njoj je dosadno!!!, a meni je kao zabavno? To što mi ništa nije radila, što mi nije pravila scene, to što je imala, još uvek, ljubavi, to je bilo strašno. To je bilo najteže podneti.

Ta njena uvređena ljubav, to što je svaki put kad bih ušao u kuću, na njenom čelu pisalo poput neonske reklame „dvadeset pet godina", to sam mrzeo, to što me je sprečavala da napravim onaj korak.

Mrzeo sam to što u stvari nisam mogao da je mrzim. Nikad je nisam mrzeo. Nikad je neću mrzeti.

I onda, posle Barselone, posle susreta sa Lukom, posle tajne koju mi je odao, stvari su izgledale lakše izvodive. Posle prvobitnog šoka, usledilo je olakšanje. Sad me više ništa ne zadržava, mi smo isti.

Moja žena, sa kojom sam proveo dvadeset pet godina u skladnom braku, prevarila me je. Najverovatnije me je prevarila. Nije bila fer. Lažna svetica, moraće da se suoči sa istinom. Ništa me više ne zadržava. Griža savesti je oterana, rekao sam: „Sad je gotovo."

I, bilo je gotovo. Imao sam sva prava ovog sveta da se zaljubim, da odlepim, da poludim, da poželim da otplovim u novi život sa mojom mladom lepoticom koja je imala strpljenja za mene, koja me je čekala.

Mržnja mi više nije bila potrebna. Svukao sam je sa sebe, kao staru kožu.

Četiri je sata.

Kada, više, sviće?

N

Napisao sam ništa, „n“ kao ništa. Nije mi ništa.

I, napisao sam novac, i Nova godina. Neću. Nada. Nada je za dečake, odrasli ljudi zaborave na nadu. Neodlučnost. To je, možda, moja reč. To je možda reč ove noći.

Nestajanje. Novac. Nije to nikakvo bogatstvo, a opet sam poludeo. Šta bi bilo sa mnom da sam stvarno bogat? Bio bih verovatno na drogama, ili u nekom ašramu u Indiji, ili bih spasavao svet po sopstvenoj meri u stilu savremenih filantropa-eugeničara? Ne treba mi više novca, zbilja mi ne treba. Neka samo ne bude manje.

Pada mi na pamet da je u odnosu prema novcu sakriveno nešto u vezi sa detinjstvom. Ta iluzija da postaješ bolji i važniji, da će ljudi više da te vole i da te cene, da ćeš više moći da biraš, da ćeš postati vlasnik sopstvenog života, da tebe niko neće moći da ima, a da ćeš ti imati sve što poželiš, da ćeš kupiti svaku slobodu, pravo na razliku, da ćeš imati više mogućnosti, i da život neprestano mora da bude nov, da se samoreprodukuje, da se izmišlja, da bi se mogao podneti, opasna je.

Prvo je novac bio stvar porodice, obezbediti im sve. A onda je na sceni promenjen žanr a da to niko nije detektovao, onda, pošto su nabavljene sve te šerpe i slavine, i kola, i jorgani, i kada su otplaćeni krediti, i kada je na letovanje moglo da se ide opuštenije, i kada su napokon kupljeni stanovi, onda se odjednom sve promenilo. Kao da je glad postajala veća, a radosti izgubile pravo da budu male. Sve je moralo da bude veliko, svega je moralo da bude mnogo.

Isprva, sećam se, sve se videlo po cipelama. Mi, generacija Pepeljuga i Pepeljugana, koji smo išli po jedan par cipela u Trst, svoj status merili smo cipelama. I onda, odjednom, moja žena kupuje cipele. Ana kupuje cipele. Marta kupuje cipele. Luka. Ja kupujem cipele. Moja radost zbog nove igračke traje sve kraće.

Sreća se danas meri kao što se meri vreme raspadanja otpada. Kakav paradoks savremenog standarda. Aždaja želje koncentrisana je na predmete, na igračke, ajpede i telefone, satove, sportsku opremu, garderobu, naši stanovi su prepuni nečega što nas je interesovalo do juče, postali smo, a da toga uopšte nismo svesni, blazirani dečaci koji lako dolaze do igračaka od kojih nijedna ne može da nam dugo zadrži pažnju; jedina igra u kojoj je ostalo još malo zabave jeste igra oko zarađivanja novca koji će nam obezbediti kratkotrajnu igru kupovine. Predmeti su privlačni ali dosadni, čin kupovine je zabavan, ali zeznuto je što kratko traje. Nešto nalik seksu?

Muškarci su danas, čini mi se, veći šopoholičari od žena. Kupuj i zabavi se. Onaj skromni dečak koji je morao da pojede ceo tanjir boranije „jer se hrana ne baca", pronalazi zadovoljstvo u šopingu, to su sada cipele, firmirana garderoba, parfemi, kašmirski džemperi, nova kola, novi zvučnici, nov nameštaj, skupa vina, ali ništa ne traje dovoljno dugo da bi se pamtilo, ljudi koji zarađuju mnogo novca podetinje, tako mi to sada izgleda, jer svet, opisan i uslovljen televizijom i internetom, danas je napravljen tako da je nešto negde uvek šuplje, da ništa, u stvari, ne može biti ispunjeno. Velika crna rupa potrošačke civilizacije ne nalazi se u svemiru nego u mozgu.

Novac insistira na punjenju, na stvarima, na predmetima, na sopstvenoj opipljivosti, i tolika zagledanost u predmete ljude čini manje bitnim. Manje vidljivim. Zamagljenim. I, na kraju krajeva, sve može biti zamenjeno, svi jesu zamenjivi poput sijalica: prijatelji, žene, devojke, krajolici, sopstveno lice, ako je potrebno.

Pomislio sam na Gorana. On je prvi zaradio veliku lovu. I kako je samo sumanuto trošio novac, i kako je, sada se ispostavilo, novac potrošio njega.

Uzeću još gutljaj konjaka. Srce mi je okej, sada, sve je u redu, sve je pod kontrolom.

I, kako je sad u trećem braku. I, kako ima bebu od nekoliko meseci sa devojkom pet godina mlađom od njegovog sina. I, kako je sad u bolnici. Tek sad primećujem koliko me je pogodila ta vest.

I kako sam, a da to nisam primetio, počeo da ličim na njega. Što je jezivo. Zastrašujuće. Ima samo jedna mala stvar koja nas je uvek razlikovala, koja je mene razlikovala od mnogih drugih beogradskih egomanijaka sa zlatnim platnim karticama – to što sam mogao lagodno da platim večeru ili ručak u kafani, nikada nije učinilo da poverujem da sam pametniji ili da više vredim od onih kojima plaćam tu čašu vina i taj tatarski biftek. Bar nisam ponižavao one koje sam hranio i pojio. Kevo, hvala ti! Ili, možda se to zrno elementarne pristojnosti zadržalo kod mene zbog Vesne. Ipak, ja sam oženjen intelektualkom.

Iako, to me nije sprečilo da i nju zamenim. Jer, ona nije mogla da bude nova.

Pada mi na pamet jedna čudna misao – novac uništava prirodno poštovanje koje čovek ima prema znanju, obrazovanju, talentu. Monstrum apetita, promeni ti ukus.

Vesnine priče, nekada tako zanimljive, postale su mi dosadne. „Seksualni život u antičkom Rimu", sećam se kao da je juče bilo; dok ona drži to svoje uobraženo „predavanje", a Relja joj fasciniran tercira, ja se davim u dosadi. Sipam im vino, i šizim. Želim opuštene priče, želim viceve, želim da se priča o vinima, o satovima, o jahtama, o filmovima, želim „zezanje", šta fali „zezanju"? Želim razgovor ni o čemu, to opušta, zaborav, nije li to najmodernija igračka potrebna muškarcu koji je napravio novac? Neka mi niko ne govori o tome da je čovečanstvu potrebna tema. To je važilo nekada, dok su mladi marksisti vladali boljom polovinom čovečanstva.

I, jebiga, šta mi je doneo novac?

Ovu noć? Sedim sa papirom i olovkom, pred tobom, Bože, i kao da sam počeo da kapiram.

Samo što si mogao da središ da ovaj uvid o meni, mom životu, greškama, pohlepi, gluposti, slabosti, dođe malo ranije. Tajming ti, druškane, nije jača strana.

Smeškamo se sada obojica.

Ti, zato što si kralj dobre priče, i što obojica znamo da dobre priče nema bez lošeg tajminga.

A ja, što li se ja smeškam, kad sam, obrni-okreni, tvoj tragični junak?

Nj

Njeno, njihovo, njegovo, nju, njoj, sve to odjednom moglo bi da stane u nekoliko umornih i vrlo tihih uzdaha.

O

Otac.

Kakav sam otac? Kakav sam bio otac? Ne postavljaju li to pitanje očevi koji osećaju da im se bliži kraj, lavovi spremni da se povuku pre nego što na njih, po sili prirode, nagrnu njegova snažna deca?

Ali meni se ne bliži kraj, daleko bilo!, zar ne, samo sam se malo prepao, ja sam na polovini, najblaže rečeno, zar nije tako, Oče?

Ne znam koliko su moja deca snažna, voleo bih da jesu. Luka jeste pokazao snagu kad smo se proletos sreli u Barseloni. I, bez obzira na sve, tek sad shvatam da mi se to zrno prkosa koje je pokazao dopalo, da mi se Luka dopao više nego u poslednjih nekoliko godina.

I Marta i on pokazuju snagu da se otrgnu od nas, tako prirodnu potrebu da isteruju neke svoje istine i da ne liče na svoje roditelje, pobegli su daleko od nas, pušteni poput lepih papirnih brodića niz reku, i šta drugo otac može da im poželi osim da voda bude glatka a plovidba prijatna?

Nisam bio loš otac, ali nisam više siguran da li uopšte više znam šta danas znači biti dobar otac. Otac koji je obezbedio da njegova deca budu bezbrižna. To je, valjda, dovoljno?

I, dobro, bez obzira na sve, brinuo sam o porodici. Dok me nije uhvatila panika od starenja, dok nisam poludeo, čuvao sam porodicu. To niko nikada ne bi mogao da mi prebaci, da nisam bio onaj koji im obezbeđuje, lovac koji donosi plen. To je bio moj način da ih čuvam, njih, sve zajedno, moju porodicu. Čuvao sam i Vesnu. Nisam bio loš otac. Kad god sam bio tu, trudio sam se, koliko sam umeo, da im budem tata. Da idu na more, ja sam ih učio da plivaju, ja sam im vukao sanke po Beogradu i Zlatiboru, vodio sam ih na skijanje, trudio se da obezbedim novac da uče strane jezike, da imaju knjige i igračke, i kinder jaja koliko god požele, nisam bio strog prema njima, ni grub, ni preterano zahtevan, trudio sam se da im se rođendani slave u igraonicama sa sve iznajmljenim klovnovima ili animatorima, da ništa ne sanjaju predugo – bicikle, rolere, lutke, električne vozove, kompjuterske igrice. Vodio sam ih u Pariz u Diznilend, sedeo s njima u Indijana Džouns rolerkosteru, urlao zajedno s njima i smejao se, iako mi se još dva dana, posle toga, mantalo u glavi.

„Tata je stigao", to kažem s vrata, i oni trče do predsoblja da me zagrle, dok se Vesna topi od miline posmatrajući tu malu sliku sreće. Tako pamtim te trenutke, njihova mala srećna lica, za koja sam i ja pomalo, valjda, bio zaslužan.

I onda oni otvaraju poklone, i trče po kući razdragani i zabavljeni, i tata ostaje neka vrsta prijatnog oblaka, poput parfema, miris koji se širi po kući, činjenica, misao, osećanje, otac je ideja, majka je dodirljiva, neophodna, prisutna, opipljiva. Kad kažem opipljiva, pada mi na pamet satanističko prokletstvo savremene civilizacije – institucija opipljivog oca ugrožena je danas. Otac koji grli, mazi i cupka na krilu svoju mladunčad u problemu je da ga proglase za pedofila. Jezivo.

Ali, dakle, da: ja sam bio taj, odsutni otac. Možda bih bio to isto i da nisam toliko radio i da nisam toliko putovao, ali nisam bio tu. Takve su mi bile karte, često nisam bio tu. A onda mi se svidelo i to da imam decu, a da mogu da budem udaljen, I siguran da je sve u redu, s njima je bila odgovorna majka, i odjednom ta udaljenost se zavoli, pogotovo ako je ona popločana fantastičnim namerama koje niko normalan ne dovodi u pitanje – a namera je da se zaradi dovoljno novca da moja deca dobiju sve. I, u tom suptilnom i zamršenom klupčetu svilenog konca, na kraju se ispostavlja jedan neslavan račun obične ljudske, da ne kažcm muške, nezrelosti. Na neki način, plaćao sam sopstvenu odsutnost, srećan što imam slobodu da ono što najviše volim – a to su moja deca, u stvari, držim na savršenoj udaljenosti od sebe.

Priznajem sad, prvi put, jednu groznu istinu: nisam skoro ni primetio da su mi deca otišla. Vesni je to sigurno palo mnogo teže nego meni.

U tom priznanju stoji jedna gadost tipična za svakog sebičnjaka – kad si toliko zaokupljen samim sobom, ključni trenuci u životu onih koji te okružuju često ti deluju kao neverovatno iznenađenje. Zapanjen si kad shvatiš da su odrasli, kao da su deca lokvanji, koji preko noći procvetaju. Zapanjiš se kad shvatiš da su otišli. Zapanjiš se kad izračunaš koliko je to vremena.

Nisam bio loš tata, ali sam siguran da sam mogao da budem bolji. Samo što ni sad ne znam kako bih to izveo. Da sam ih više grlio? Da sam im uveče čitao priče pred spavanje? Da sam išao na roditeljske sastanke? Pokažite mi jednog savremenog oca koji je zaposlen, a to radi? Da sam ih više grdio? Da sam im bio bliži? Da sam im manje davao, a više tražio? Mogao sam više da volim Luku, da mu tu ljubav opipljivije pokazujem, da budem nežniji prema njemu kad je bio klinac. Mogao sam da više budem kod kuće. Mogao sam da provodim neke večeri s njima, da se igramo zanimljive geografije, kao što su se moji roditelji igrali sa mnom, ili da zajedno gledamo neke poučne filmove. Ali tu je bila Vesna, i nisam morao da se guram.

Iskreno, to opušta, to ti daje neku vrstu dozvole da budeš slobodan – ja sam više voleo da zujim napolju, smatrao sam da im nisam toliko neophodan u svakom trenutku, za to postoje majke, zar ne? Je l' to neki zločin? Nisam im bio potreban na taj način. Nije ovo nikakvo vađenje sada, ali nisam hteo da im dosađujem. A, u stvari, poenta je bila u tome da su oni, čim su prerasli onaj uzrast kad možeš da ih gnjaviš, maziš, nosiš na krkače i smeješ se njihovim pogrešno izgovorenim rečima, meni postajali dosadni. Izvinjavam se, ali to je istina. Vesna je s njima radila domaće zadatke. Ja nisam po prirodi bebisiter, ja sam zarađivao. I naša deca nisu videla naše probleme, koji su, ionako, došli kasnije.

Možda najvažnija stvar koju otac može da dâ svojoj deci jeste – da poštuje njihovu majku.

Au, opet sam na skliskom terenu!

Poštovao sam Vesnu, voleo sam je i varao sam je. I znam da zvuči kao kratka istorija psihopate, ali tako je.

I volim je, i nju i našu decu, i našu malu porodicu, to ne može ničim da se izbriše, nikakvo fizičko premeštanje, nikakva dislokacija ne ukida niti može da ukine sve to, te naše godine. Odjednom, noćas, sad, sve to mi strašno mnogo, neverovatno mnogo nedostaje.

A što se institucije oca danas tiče, tja, svet se ionako okrenuo naglavačke. Otac nije bitan, poručuje Veliki Brat odasvud, otac nestaje, ubijaju ga neprestano i sa svih strana, otac smeta, kriv je ili, u najboljem slučaju, otac nije važan. Nepotreban je.

Ja sam rastao u eri koja je poručivala da „tata zna najbolje", nije mi jasno kako je svet stigao dovde – banka sperme rešava toliko toga, a sve češće muškarac je srećan ako uopšte zna da ima decu. Apokalipsa sada. Da i ne govorim o užasima transhumanizma, o ocu koji želi da bude majka deci koju će vaspitavati da budu rodno neutralna, neodlučna, modifikovana poput glinenih figurina.

Oče naš, kako beše ono, „da bude carstvo tvoje"? Oprosti mi, molim te, što ne znam napamet, „i ne uvedi nas u iskušenje, nego nas izbavi od Lukavog".

Naučiću.

Nikad nije kasno da postanem čovek kakav sam mogao da budem, zar ne?

O, oprostiti.

Nikad joj nisam rekao „oprosti". To je tužna činjenica mog života. A bilo je razloga, naravno, bilo je trenutaka. Sinoć sam bio na ivici da joj to kažem.

Posmatrao sam je dok je stavljala špagete u lonac. Njena ramena, malkice sapeta u toj haljini, njen beli vrat, još uvek vitak, kosa podignuta u punđu, kuglica lančeta koja se igra na njenom vratu, mala lokna ispala iz te ovlaš punđe, njena haljina je pozadi sa dubljim ovalnim izrezom; ona čavrlja o rukoli i lolo roso salati, i kaže kako imam sreće jer nam se u kući zatekla kriška pravog parmezana.

„*Parmigiano reggiano*“, kaže i namigne, napravi gest rukom kao onaj drevni kuvar sa reklame za vegetu, a meni padne na pamet da je to kriška koju sam proletos doneo iz Barselone i uhvati me neka užasna tuga jer pomislim da nije imala kome da kuva italijansku pastu, otkad sam otišao, otkad smo svi otišli, i da po njoj prosipa izrendani parmezan, i tu iznenadnu tugu izazvanu empatijom, tu izrendanu tugu ubijam velikim gutljajem vina od koga se stresem, i taj pokret glavom otera maglu iz mojih očiju.

Ona onda baci pogled preko ramena, ka meni, osmehne se i nadlanicom otre najfiniju sumaglicu znoja sa obraza, i ja poželim da joj u tom trenutku kažem „oprosti“.

To bi bilo možda nešto najiskrenije što sam joj rekao u poslednjih milion godina, ali ne usuđujem se, nego samo ćutim, jer „oprosti“ rastvara svo to kamenje u grlu, u srcu, u plućima, opasna je to reč, možda opasnija za onog ko je izgovara, nego za onog kome je upućena.

Oprosti mi, Vesna, oprosti mi što smo stigli dovde, što mi praviš ovu Poslednju večeru, moli te tvoj Juda.

Ili, oprosti mi, Veki, što sam se terao da te mrzim, što sam te ponekad gledao očima hijene, što sam se trudio da sam sebi ogadim tvoja predivna stopala u najlonkama, tvoje nožne prste kojima se igraš dok izvaljena na sofi u dnevnoj sobi čitaš knjigu, oprosti mi što sam ti govorio da si se ubucila i što ti nisam rekao da te volim kad si me poslednji put to pitala.

Jer, ipak sam te voleo, čak i kad sam kopao po mržnji.

Vesna, oprosti mi.

Gledao sam u njenu neispeglanu haljinu, u tu gloknu sa belim radama, i hteo sam da molim za oproštaj, zbog svega, ali lakše je ćutati, nego moliti za oproštaj, pošto ta mala skupa reč podiže branu, i preti velikim nesagledivim poplavama.

Vesna, sad kad me niko ne čuje, i ne vidi, u ovo gluvo doba noći, pred svitanje, kada je najgušći mrak, dok žvrljam po ovom parčetu papira, po tvom uputstvu, sva ta azbučna slova, i reči koje mi nasumično, uz pola flaše konjaka, padaju na pamet, primećujem da je najčešće napisano, stotinu puta možda nažvrljano, početno slovo tvoga imena. I u mom slovu O stoji slovo V, tako da zaključujem, ne bez ponosa, i zadovoljstva, da si lekovita.

I mogu sada da to kažem glasno:

„Oprosti što ti sinoć nisam rekao ono što je tako očigledno – tebe je, kretenko, bilo lako voleti."

Nisam ti to rekao, jer to više ne sme da se kaže, s obzirom na razlog koji spada u neko od sledećih slova, i koji je stigao sinoć dok smo pili vino i skoro zaboravili da treba da se rastanemo.

Opet.

Opet, ta reč, nažalost, za nas dvoje više ne važi.

Samo je moja.

Olovka. *Olovka piše srcem*, bila je ta knjiga, odavno, kad smo bili klinci, hit jedne sezone, kako li sam samo to zapamtio? Korice su joj bile crvene, naslov je bio beo, a unutra su bile genijalne i smešne dečje misli. To smo poklanjali jedni drugima, bio je to neki mali rokenrol, knjižarski bestseler, oda detinjstvu, neki domaći autohtoni *Mali princ. Olovka piše srcem.*

I dok držim olovku u ruci, sada, pomišljam koliko je savršena ta misao. Pošto, da nemam sada olovku, možda ta veza između srca olovke i mog srca ne bi bila tako jaka.

Pisanje, izgleda, jeste lekovito. Srčana čakra se najbolje otvara olovkom i parčetom papira. Pošto, izgleda, ima istine u onoj čuvenoj izreci da se pisanjem život dva puta kuša – jednom kad se živi i drugi put kada ga se sećamo.

P

Pisanje, pismo, poruka. Pauk. Prsten. Prevara. Pizda. Partija. Ponos. Ples. Pornografija.

Svet je danas pornografski – guzice, bulje, labioplastika, analni seks, sve je to iz opskurnih ćoškova kioska i časopisa „za gospodu“ sa eksplicitnim sadržajima prešlo na naslovne strane novina, internet portala i u takozvane programe stvarnosne televizije. Pornografija je stvar politike, skupština, vlada, pornografija je moda, *mainstream*, čak su i poruke postale instant-pornografija. Ne možeš više da se uključiš na mrežu, na bilo koju mrežu, a da te sa svih strana ne bombarduju fotografijama penisa, bradavica, klitorisa, naslovima o seksu, kopulacija je postala nešto kao vršenje velike nužde, sport iz klozeta, to prodaje novine, internet portale, prostor i vreme u virtuelnom svetu zabave, i sve se, na kraju, vrti oko magičnog prostora između nogu gde je smešten trenutni centar sveta, jer tamo caruju nagoni, pošto je neko čovečanstvu objasnio da su nagoni ono što se računa, ono čime se vlada i zbog čega se vlada.

Pisanje. Izgleda da je sve ovo što radim noćas, na kraju krajeva, kao neko pismo. Nisam, međutim, siguran kome ga pišem. Sebi, bivšem sebi, budućem sebi, ili tebi, Vesna. Ili tebi, Bože.

Okej, malo sam, možda, pijan. Malo me hvata ovaj konjak, ali amater poput mene u ovoj muci s rečima mora da bude i malo pijan dok piše, kako ga stvarnost ne bi rasturila. A, s druge strane, postoji i taj moment – bolje da o sebi pišem ja, nego neko drugi. Što bi rekao Čerčil, istorija će biti milostiva prema meni, ako odlučim da je pišem.

Pisanje, poruke. Tekstualne poruke, ko bi rekao, jesu jedna ozbiljna velika ekonomska stavka. Ogromna stavka. Bilioni poruka utipkanih palcem i kažiprstom donose milionske profite telekomunikacionim kompanijama, ali se pored toga radi i o kulturnom fenomenu sa nesagledivim posledicama. Čovečanstvo je zagledano u ekrančiće telefona, i odjednom, ceo život ti se vrti oko tog malog zvuka koji ti javlja da ti je neko pisao. Da je nešto stiglo. Da nisi sam. Da si u igri. Da si u kontaktu. Da nisi ostavljen na miru.

Ponekad poželim da nema mobilnih telefona. Da malo nisam u toku. Da povučem ručnu i samo živim, kao što se nekada živelo. Bez cimanja, bez te panike.

Bio je jedan tučani telefon u predsoblju, i to je bilo to. Razgovori su bili kratki, ne samo zato što ti keva stoji nad glavom i pantomimom ti pokazuje makazice – znak da treba da skratiš razgovor, jer je telefoniranje skupo, i jer i ona čeka da je pozove neko, nego se i verovalo da je jedini pravi razgovor, direktan razgovor, onaj, oči u oči.

A onda se sve promenilo. Ideja o dostupnosti polako se pretvarala u ideju o kontroli. Mobilni telefon te locira i ti lociraš, i sve može da bude snimljeno, zabeleženo, nema više skrivanja i ne možeš da pobegneš, a da te taj mali pokušaj bekstva ispod radara ne košta. Nema mesta na kome se možeš sakriti.

Zašto isključuješ telefon, zašto nisi dostupan, zašto ne odgovaraš na poruke, i pitam se, kako se lepota onih smajlija, detelina, srca, podignutih palčeva, pretvara polako u polaganje računa, u obavezu, u seriju nezgodnih trenutaka u kojima stižu poruke kojima ne možeš da se baviš. U koje ne želiš da gledaš, koje nisu izabrale pogodan trenutak da dođu i promene ti život.

Sinoć je bio taj trenutak.

Vesna je kuvala špagete u našoj kuhinji, a ja sam je gledao sa mešavinom svih začina koje može imati pogled sredovečnog muškarca koji odjednom otkriva lepotu scene koja se zove „žena u kuhinji".

Bio sam taj sluđeni i očarani mužjak koji naprasno otkriva da je to njegova rođena žena, jebozovna žena, jer ne primećuje da je ponovo vidiš onim starim užarenim očima, žena koja skoro da pevuši dok cedi pastu i nežno njiše napetim bokovima, ni ne sanjajući da u tom pogledu koji ne vidi i koji klizi po njenim leđima odjednom ima više ljubavi, izazova, avanture, kajanja, praštanja, derta, izvinjavanja životu, nego što bi i u najluđim snovima mogla da odsanja.

Prelazio sam prstom po ivici tanjira i mislio kako, ipak, mora biti da sam nečim zaslužio taj trenutak, uzbudljiv poput ljubavne predigre na koju sam dugo čekao: kako ipak nisam najgori na svetu, kad je moguće da me je život, umesto kusanja vruće kaše po koju sam bio došao, nagradio ovakvim raspletom.

„Hiperprodukcija kuvara jeste planetarni fenomen", kaže.

„Zašto?"

„Opsednutost hranom govori o oblapornosti zapadne civilizacije", kaže dok preliva šugo preko špageta, a onda kažiprstom pokupi jednu kap vrućeg sosa sa ivice činije, i stavi ga u usta, cokne tako slatko i tako prirodno, pomislim kako je nestvarno zavodljiva i kako toga uopšte nije svesna, što njenoj zavodljivosti dodaje još jednu nijansu.

„Hrana postaje umetnost, sa potpisom autora, dok je, s druge strane, svet u ropcu trovanja..."

Pomislim kako ima nečega u intimnosti kuvanja, u tome što je posle čitave večnosti vidim sa šerpom u rukama, što je vidim očima kakvim je nikada nisam gledao, pomislim kako u tome što kuva za nas dvoje, što pijemo vino i što smo odjednom sami na svetu sa našim prekinutim životima koji možda uopšte nisu prekinuti, i kako među nama sada, posle svega, ima nekog skoro prazničnog erosa, koji je nemoguć među ljudima koji se ne poznaju dovoljno.

Ona stavlja činiju na sto, ne prestaje da govori, prešla je sada na muškarce koji kuvaju, na borbu među polovima za kuhinjskim pultom, na sva ta kuvarska takmičenja i skoro „sadističko iživljavanje kuvarskih TV zvezda koje od kuhinja i takmičenja prave male savremene logore". Svesna je da me zabavlja, uživa što me zabavlja, jasno joj je da me zabavlja.

„Savršenstvo je dosadno, zar nije?", kaže.

I ja klimam glavom, smeškam se, želim odjednom da me voli i da mi sve oprosti.

„Malo ekspresionizma raspiruje maštu!“, kaže i aludira, ne znam na šta aludira, ali te reči me inspirišu.

O da, maštam, naslonjen na sto, uživam, siguran sam da je primetila moj pogled blesana koji se topi od miline, ona me zavodi tako što namerno ne čini ništa da me zavede, naša divna mala stara igra, kao nekad, kad bismo se mirili posle svađe za koju sam ja bio kriv, a nisam umeo da joj kažem „oprosti“, to je ta energija, najbolja, ista, poznata.

Kako je dobro vratiti se kući.

I onda je telefon zadrhtao u džepu mojih pantalona.

Diskretno sam ga izvadio i pogledao poruku koja mi je upravo stigla. Zadrhtao sam i ja.

Progutao sam knedlu, mora biti da sam prebledeo, jer me je Vesna pitala da li sam dobro.

„Super sam, naravno“, nakašljao sam se, isključio sam telefon i vratio ga u džep.

Ana, izvini.

Otpio sam dobar gutljaj vina, dok se Vesna pravila da mi veruje da sam odlično i da je sve u redu, ja sam samo hteo sve da progutam, pošto odjednom više ništa nije bilo isto, i više ništa nije bilo lepršavo i lako.

P, kao pizda. Biti pizda, to je moralna odrednica. Slabić poput mene uvek će svoja posrnuća obojiti prigodnim vicem, u stilu „A, što se tiče morala, morala sam.“ Morala sam da isključim telefon.

Nisam znao šta bih drugo mogao da uradim, osim da odjednom nestanem, da ne budem vidljiv za Anu, da se pravim da ne postojim, da odložim sve, ako je ikako moguće, za kasnije, za sutra, za neku drugu, bolju priliku, za neki drugi trenutak.

Nisam hteo da širim mrlju. Moj divni trenutak bio je upropašćen, pa sam isključivanjem telefona samo spasavao ono što se moglo spasiti. Da, bar, moje poslednje veče sa mojom ženom ne bude uništeno.

A bilo je uništeno zato što je bila uništena svaka ideja o spasavanju nečega, ne znam ni ja više čega.

Odjednom, povratka više nije bilo. Odjednom sam bio usisan u vorteks beznađa. Kao da mi je otet život.

Instant-zaborav, pizdino jedino sredstvo.

Vesna, kad bi mogla da me spaseš, pomislio sam, i ništa nisam rekao.

Zato ćemo otvoriti neko od mojih arhivskih vina, i ja ću se usredsrediti na tvoj dekolte, na tvoje divne grudi, na tvoje usne, gledaću tvoje ruke i tvoja ramena, smejaću se od muke i od ludila, od egzaltacije i besa i pijanstva, i biće mi dovoljan samo jedan jedini tvoj znak, da priđem, da te zagrlim, i da ostanem u tvom naručju, ušuškan, zauvek.

R

Rad, red, rod. Rastanak. Razvod. Repovi. Raj. Relja.

Ne znam zašto mi taj fićfirić sada pada na pamet, osim ako nije usled iznenadnog napada poštenja. Relja jeste deo moje azbuke, sa žaljenjem to priznajem.

Relja, zgođušan mali lovan, tako ga je zvala Vesna.

„Fasciniran si njim", kaže Vesna, ne krijući da je nervira to naše naprasno prisno druženje.

Upoznali smo se na stepeništu zgrade, vrlo brzo pošto smo se uselili u naš novi stan.

„A zašto da ne budem fasciniran", branio sam se, „uspešan čovek prija, a osim toga, uspešni ljudi prave manje problema", trtljao sam da zabašurim činjenicu da je Vesna, kao i uvek, bila u pravu. Dosadna je kad je u pravu.

Bio sam fasciniran Reljom – njemu je na čelu pisalo da je u jednom jedinom životnom semestru doktorirao kombinaciju sreće, teorije berze i srpske prilike, te da je, što se mene tiče, bio ekspert nove generacije, kojoj ja nisam mogao ni da prismrdim.

Oni su imali to nešto zversko, u biznisu, o čemu smo ja i moji ispisnici mogli samo da sanjamo. Iako smo samo deset godina stariji, Relja i nove mlade ajkule biznisa stigle su među nas sa nekih strašnih mora o kojima mi ništa nismo znali.

Ima nečeg u tuđoj lovi, koja je veća od tvoje, što je vrlo zavodljivo, vrlo privlačno, poput žene. Uzgred, Reljina žena, Sara, nije loše izgledala. Ali, lepša od Sare bila je ta Reljina lakoća sa kojom je predložio da popijemo flašu vina kod njih, da se upoznamo, da se družimo. Oni su zvali nas, i to je bilo nekako uzbudljivo.

Vesna je prvo odbijala da ide, govorila je da ionako ima dovoljno prijatelja sa kojima ne stiže da se viđa da bi sada u komšiluku pravila nove.

„Dosta mi je tvojih novih najboljih prijatelja", gunđala je, „kojima posle ne kažeš ni zdravo!"

„Ali, molim te, idemo zajedno, nema smisla, zvali su nas ljudi, to je red", insistirao sam, i ona je popustila, iako nije propustila da sa svojim poznatim cinizmom ne primeti kako sam se spremio „da ostavim utisak".

A onda se ispostavilo da smo se svi trudili da fasciniramo jedni druge. Lova inspiriše. Relja i Sara su bili toliko dobri domaćini da je sama Vesna iste večeri predložila da se sledeći put vidimo kod nas.

Točio nam je vina, menjali su nam čaše, pršuta je bila isečena tanko i složena skoro u karnerima po dasci od maslinovog drveta, stan im je bio veliki, prijatan i skup, i neko kao malo bratstvo između nas dvojice, neka vrsta timskog pripadništva, odmah se osetila.

Pričali smo o biznisu, ovlaš, toliko da nikome ne bude dosadno, da se niko suviše ne hvali, toliko toga se podrazumevalo, uspeh uvek govori istim jezikom, otvarali smo ivice društvenih ljuski, nežno, kao što mlade domaćice ljušte crni luk, ostavljali smo utisak jedan na drugoga i opipavali stepen ljutine koji je bio sabijen ispod površine. Relja mi se mnogo dopao, priznajem, imao je opuštenost kakvu ja nikada nisam uspeo da dosegnem, možda i zato što sam do love ipak došao relativno kasno. Osim toga, bio je džentlmen, a to se danas retko sreće. Način na koji je svojoj ženi Sari ukazivao pažnju, a zatim i Vesni, dok im je sipao vina i palio cigarete, dopao mi se. Bio je bolji i nežniji prema Sari nego što sam ja bio prema Vesni, poželeo sam u tom trenutku da budem kao on. Naše prve komšije, sa sprata iznad, izgledale su mi kao bonus na ionako preskupo plaćene kvadrate.

Desetak godina mlađi od nas, bez dece, obožavaoci vina, opuštenih razgovora i malih kućnih sedeljki. Za nekoga, poput mene, ko je većinu večeri provodio na poslovnim večerama, sastancima, prijemima i putovanjima, to je bila zaista prijatna promena.

„Mi volimo da igramo karte“, rekla je Sara, „remi.“

„I ja obožavam, ali nemam s kim da igram.“

Vesna je obrnula očima na ove moje reči, a ja sam joj poslao jedan kratak oštar pogled.

„Nisam baš luda za kartama...“

„Ali u društvu“, dodao je Relja dosipajući joj vino, „može da bude zanimljivo.“

„I opuštajuće“, rekla je Sara pružajući mu čašu.

„Tako je, ljubavi“, Relja joj je uputio jedan topao osmeh, i postideo me.

Ja se tako ne obraćam svojoj ženi već godinama, pogotovo ne pred drugima. Primetio sam u tom trenutku kako je Vesna bacila ka Relji jedan pogled prepun divljenja.

„Ljubavi“, podigao sam čašu prema Vesni, „igraćemo remi zbog lepote same igre, jelda?“

Vesna je počela naglas da se smeje, i bilo je izvesne histerije u tom njenom smehu, i nije mi se to dopalo, nimalo. Htela je da me ponizi. Bilo me je sramota što se podsmevala mojoj iznenadnoj verbalnoj nežnosti, njen smeh je bio upućen meni i govorio mi je da sam joj smešan zbog toga što mi je potrebno manje od dvadesetak minuta da postanem nalik predmetu svoga obožavanja, ali nisam ništa rekao. Taj Vesnin smeh učinio je da moja fascinacija Reljom preraste u neku vrstu takmičenja.

Voleo sam ta naša druženja, bilo mi je zanimljivo ono što se nije moglo sakriti – to što sam, kada su sledeći put oni došli kod nas, a Vesna obukla zelenu plišanu haljinu sa malo većim dekolteom, uhvatio taj Reljin pogled. Pogled zavisti. Pogled divljenja.

Imao je više love od mene, imao je deset godina manje, imao je zgodnu ženu, lekarku, plastičnog hirurga, a zavideo je meni. Bio sam polaskan. Uživao sam. Zavist je najviši stepen laskanja, nije li? Ja gledam u njega, on gleda u moju ženu, moja žena gleda u mene. I, što je najluđe, i Sara gleda u Vesnu sa divljenjem i poštovanjem. To deluje zaista stimulišuće. Osećao sam se odlično. On se palio na Vesnu, što je meni bilo smešno. I milo, u isto vreme. Nisam, dakle, samo ja nenormalan muškarac, ni njihov brak nije savršen, svi vole da švrljaju, to je u redu, pomislio sam, ali Vesna i ja imamo bar istoriju, veliku zajedničku kilometražu, decu, nas dvoje smo sa svim našim siktanjima, sarkazmima, pogrešnim rečima, gunđanjima i zamerkama, razumevanjima i nerazumevanjima, nešto posebno.

Nisam posle više nikada primetio neki takav njegov pogled, ali nisam mogao da ne primetim sa kakvom pažnjom i sa kakvim uživanjem sluša Vesnu dok govori o bilo čemu. Tercirao joj je, zapitkivao bi je, sve mu je bilo zanimljivo što je ona govorila, i malo-pomalo i Vesna je počela da se raduje tim našim komšijskim partijama karata, zbog čega mi se s vremena na vreme činilo kao da smo oboje podetinjili.

Ne mogu reći da sam tada uopšte analizirao Vesnu i njeno ponašanje, bio sam usredsređen na Relju. Isprva zato što sam bio fasciniran, a kasnije, zato da bih ispeglao nekoliko stvari.

Što se Vesne tiče, bilo mi je dovoljno što je tu, iako me je ludački nerviralo to što je karte uopšte nisu zanimale. Bilo joj je svejedno da li dobija ili gubi, ponekad bih uhvatio njen sneni pogled kojim bludi između žandara i kraljeva i asova, i jedino bi živnula kada bi dobila priliku da započne neku temu o kojoj niko drugi ne zna ništa, i tada bi Reljine oči zasijale, taj mali fićfirić, koga sam tada samo sažaljevao, umeo je da je sluša, i da joj postavlja potpitanja, i nisam mogao da ne primetim kako je Vesna govorila sa žarom, kao da govori nekim tajnim jezikom koji niko osim tog uobraženog klinca ne razume.

Priznajem da me je to ponekad užasno nerviralo, jer kad Vesna počne da govori, ja nisam postojao. I niko drugi nije postojao, to je, mora biti, primetila i Sara, koja je uvek htela ranije da ode na spavanje jer je imala mnogo operacija, i jer će sutra imati mnogo operacija. Kao da smo ona i ja bili isključeni iz priče.

I, onda me je dodirnula nogom ispod stola.

Kada je to prvi put uradila, razrogačio sam oči, nekoliko trenutaka nisam shvatao šta se događa, ali onda je njeno stopalo leglo na moju cevanicu, i onda je ona podigla čašu i gledala me je vrelim pogledom ovlaš oblizujući svoje blago natečene usne, i ta partija karata, za mene je bila završena, ali nastavio sam da ređam ful i kentu i malu kentu, dok je njena noga ispod stola pravila skandal, skandal koji mi je prijao.

Ne odbija se tako lako takva otvorena ponuda žene tvog prijatelja. Koji je gledao u dekolte tvoje žene.

Okej, smislićemo nešto, pogledao sam je nekoliko puta ispod oka, da niko ne vidi, i niko to nije video, i dok joj se Relja obraćao sa „ljubavi" i dosipao joj vino, a ona mu se osmehivala i dodirivala ga nežno po šaci, govoreći mu „hvala ti, ljubavi", ja sam, iako u transu zbog onoga što sledi, na neki način žalio i Relju i Vesnu koji, jadni, i ne sanjaju kakva dva zlikovca sede s njima za stolom.

Već sutradan u sedam bio sam kod nje u ordinaciji. Ona me je pozvala i samo mi je rekla „Čekam te".

I čekala me je, u belom mantilu, u beloj sobi sa velikim pisaćim stolom, i belim kaučem, samo je za mnom zaključala vrata, nije mi rekla ni reč, ni „zdravo", ni ništa, samo je otkopčala mantil i krenula ka meni svojim grudima, bile su punjene silikonima, ali lepe i jedre, i ljubili smo se, bilo je nečeg prljavog i pornografskog usred te bolničke beline, sa tim njenim usnama i grudima i halterima i belim najlonkama, bez gaćica, bila je san svakog pornografa, sa naočarima sa crnim okvirom, stavljenim na nos za tu igru, besprekorna kostimografija, bila je bezobrazna doktorka, rektorka u krevetu, bila je žena koja tačno zna šta hoće, jadni Relja, pomislio sam, jadna Vesna, to sam mislio sutradan, a ona me je čupala za kosu i šapnula mi „uradi mi sve što znaš", gurajući mi jezik u uvo.

Nasmejao sam se na to, i sad se smejem, jer mi pada na pamet kako Džoni Štulić nema pojma u kojim je sve zalivima tela završavo taj prelepi njegov stih iz *Gracije*, i bila je to sa Sarom ludačka strašna jebačina, u kojoj smo oboje, čini mi se, jebali Relju i uživali u toj pomisli. Dva pokvarenjaka.

Kad smo se sledeće nedelje sreli kod nas, na kartama, drhtao sam od panike. Ali Sara je ušla kao da se ništa nije dogodilo, bila je savršena glumica koja je sa neverovatnim talentom uspevala da se očas posla iz porno-filma prebaci u ovaj mnogo zahtevniji žanr, i iako me je to oslobađalo panike, uvek sam bio na ivici da me dotuče i duboko potrese baš to što je toliko beskrupulozna. Ljubila je Vesnu kao da joj je rod rođeni, Relji se obraćala sa „ljubavi" i stalno, kao da je to neka titula, dok je njena noga ispod stola i dalje tražila moju pažnju.

Vesna je, međutim, bila sve udaljenija i sve zanesenija – strepeo sam da to nije uvod u njeno otkrivanje karata, u njeno handiranje: bio sam ubeđen da je ona, intuitivna kakva je, nešto namirisala i plašio sam se, kao dete, da je pogledam u oči. Varao sam je i ranije, ali nikada ovako drsko, i bio sam nefer prema Relji koji je bio tako pažljiv i tako srdačan, i sa kojim sam već počeo bio da pregovaram o jednom zajedničkom poslu, i grizla me je savest, malkice, ponekad, zbog toga što sam sebi dozvolio da to sve napravim takoreći pred kućnim pragom, ali bilo je i nečeg zavodljivog, uzbudljivog i đavolskog baš u tome što je bilo tako blizu. To me je posebno palilo, ta bliskost fizička, taj sprat iznad, i ta društvena bliskost, mi smo dva para uspešnih samosvesnih ljudi koji su otkrili lepotu zajedničkog druženja, malu zabavu u komšiluku, mi koji volimo slične stvari, dobra vina, laku koketeriju, novac, takmičenje. Ja to volim i Relja to voli, i nema nikakvog zločina u tome.

Poludeo sam bio, ali bilo je to jače od mene i bio je to samo seks bez mnogo emocija, čak bez ikakvih emocija, ali kakve veze ima, emocije bi bile apsolutni višak u ovoj maloj društvenoj pikanteriji, a osim toga, Relja to nikada neće saznati, Vesna to nikada neće saznati, to će biti moja i Sarina mala tajna. Mi smo oboje ljudi koji ne vole komplikacije, i sve je od prvog trenutka bilo tako jasno i tako fer.

Poklonio sam Relji penkalo „monblan". Zinuo je kad sam mu ga dao.

„Batice, ovo je... nemam reči!", zahvaljivao mi je dirnut, a ja sam samo mislio o tome kako ga potkradam, lažem i nabijam mu rogove, i kako je penkalo „monblan" mali znak, mali pokušaj ne da popravim svinjariju za koju sam samo delimično odgovoran, nego da je prikrijem, da odagnam svaku sumnju, da pokažem kako u stvari i nije bilo nikakve loše namere. Bio sam u najmanju ruku nedužan. Nisam ja startovao Saru niti bi mi tako nešto ikada palo na pamet, ona je napala mene. Ona je htela mene, vrteo sam to opravdanje po glavi dok sam posmatrao Relju koji je vrteo penkalo i bio toliko dirnut mojim iznenadnim gestom, da mi se na trenutak učinilo da je mogao da zaplače.

„Ti si mi kao brat", rekao sam možda jednu od najodvratnijih rečenica u životu.

„Upravo sam ja to tebi hteo da kažem, brate moj", Relja me je potapšao po ramenu, i meni se steglo grlo.

Na šta li sam spao, pomislio sam, da krešem ženu svog dobrog prijatelja, i da ga još proglašavam bratom, pa takav moralni sunovrat nemaju ni najgori kriminalci.

I bio sam odlučio da prekinem tajna viđanja sa Sarom. Zaista, to više nije imalo nikakvog smisla.

Čekao sam četvrtak da me Sara pozove, ali ona me nije pozvala. Nije čak poslala ni poruku. Na izvestan način mi je laknulo. Kad je sledeći put trebalo da igramo karte, ja sam otputovao.

Naša kartaroška druženja su se odjednom proredila. U moj život je u međuvremenu ušla Ana, pa mi nisu uopšte nedostajali. I kad smo se nekoliko puta videli, od toga je bilo dva puta na stepeništu zgrade, i jednom kod njih, na kratkom piću, Sara se ponašala kao da se upravo udala za Relju, totalna promena, predstava za mene: držala ga je za ruku i nije ga puštala. Nikada ni jednim jedinim gestom, ni pogledom, još manje nekom rečju, nije pomenula da je ikada, ma i na sekund, išta bilo među nama.

Otkačila me je, fino i bez ikakve drame, i bio sam joj na tome zahvalan. Tako to rade prave šmekerke.

Nekoliko meseci kasnije, oni su prodali svoj stan i odselili se u kuću na Dedinju, uz obećanja da ćemo se sigurno videti. „Da, da, kako da ne“, mislio sam, srećan zbog dobrog bezbolnog raspleta: Sara je uskoro ostala u drugom stanju, čujem da su dobili bebu, neka im je sa srećom, ali mi se više nismo sreli. Vesna je nekoliko puta uzdahnula, pomenuvši ih, i to bi bila samo jedna mala besmislena anegdota iz života savremenog Beograda, da priča nije dobila neverovatan obrt.

Pošto mi je Luka, u Barseloni, proletos, nedvosmisleno stavio do znanja da se nešto događalo između Vesne i Relje, kao i da zna da je nešto bilo između Sare i mene, i pošto sam, naravno, pošizeo od ljubomore, nisam mogao da dočekam da se vratim u Beograd i uradim šta se uraditi mora.

Morao sam da budem siguran.

Uzeo sam Lazarov telefon, i poslao Relji poruku.

„Izvini, molim te, javi mi se, moram da te upozorim, mislim da je Uroš saznao za nas. Vesna. PS, uzela sam drugaričin telefon."

Poslao sam poruku i čekao. Možda je prošlo desetak minuta, kada je telefon mog šofera Lazara zazvonio. Bio je to „moj brat", Relja. Nisam stigao da kažem ni „halo", a dobri, pošteni Relja, koga sam toliko žalio, počeo je tiradu.

„Mislio sam da smo se dogovorili, Vesna. Nije trebalo da mi pošalješ poruku. Kako on to može da zna, uostalom?"

„Tako što si mi sam to rekao, glupane! Brate, moj!"

Glas mi je bio leden, i pobednički, mada razloga za pobedu nije bilo, osim ako nisi takav gubitnik i gnjida kao što sam bio ja.

Tišina je trajala nekoliko sekundi. Mogao sam da čujem njegovo disanje i da zamislim njegovu zapanjenu facu, jadni Relja koga sam zajebao.

Ili, možda i nisam?

„Okej, onda sad znaš", rekao je hladno i bezobrazno i drsko i neumoljivo.

„A zna i Sara, tako da nemoj da se pališ..." Zaustavio se, trajalo je to nekoliko sekundi, mislim da je sada on mogao da čuje moje disanje. „Nas dvoje nemamo tajni. Brate moj!"

Naglasio je to „brate" posebno, bilo je nekog satanskog podsmeha u toj majušnoj nijansi, a onda je taj pederčić, taj fićfirić bolesni, proračunati i ledeni, prekinuo vezu.

Držao sam Lazarov telefon u rukama nekoliko trenutaka, i buljio u prazno, a onda sam se sabrao i brže-bolje obrisao poruku, i obrisao istoriju poziva, i lepo sve proverio da nisam ostavio slučajno neki trag, i spustio sam telefon na radni sto.

Bubnjalo mi je u ušima.

I, jedina misao koju sam imao u tom trenutku, pa i sada, dok mi sve te odvratne scene padaju na pamet, bila je da su nas Sara i Relja kresnuli oboje.

Podsetilo me je to na onu čuvenu scenu iz filma *Kabare.*

Brajan: „Ma, jebeš Maksimilijana."

Sali: „*I do.*"

Brajan: „*So do I.*"

S

Sara, zabeleška o skandalu. I samo to. Zabeleška.

Sise punjene silikonom.

Seks. Seks, najskuplja reč interneta, reč koja predstavlja alfu i omegu savremene civilizacije, što bi rekao onaj matori pedofil, Vudi Alen, „ne znam pitanje, ali seks je sigurno odgovor". Seksepil, seks-simbol, seks-objekat, sve te reči koje tako tačno opisuju svet u kome živimo, njegovu pojavnost, njegovu indukovanu površnost. Seks je kult, opis javne scene nije više moguć bez seksualne reference, život se pretvorio u strah od smrti, a ubedili su nas da je seks sila koja smrt šutira u dupe, pevajući. I sada, kad se osvrnem, vidim da je ova moja mala azbuka neki jadan spisak seksualnih vragolija, opis praznine.

Samoća. To je reč kojom se završava seks. Ona mala tišina koja stiže posle velikog praska. Sleganje. Sanjivost. Sila.

Sreća.

Ne bih umeo da govorim o sreći, ne znam više ni kako bih je definisao. Ali o seksu, o seksu svi govore, seks prodaje, seks je glavna reč tržišta, sve danas može biti seksi, porno-šik je postao deo ulične mode, napumpane usne žena, pa čak i muškaraca, otečene poput majmunskih dupeta, napadaju sa svih strana, izvitopereni bolesni modeli ponašanja, selfi kao sredstvo pornografske revolucije, sadomazohizam, snimanje seksa kao vrhunska zabava, ne znam šta bih rekao, osim da sam staromodan.

U poslednje vreme otkrivam jedan skoro romantičan zaokret u sebi.

Ne mora baš sve da bude u vezi sa seksom?

T

Teskoba, Trgovina. Telefon, tata.

„Trudna sam."

„Trudna sam." To piše, te dve reči uspevam da pročitam na displeju mog telefona, i dah mi zastaje u grlu, i onda me spopadne kao neka mala zima, a zatim neka nepodnošljiva jara opali moje grudi i lice. Na sekund prestajem da dišem, i usta mi se osuše.

Vraćam telefon u džep, kao da se ništa značajno nije dogodilo, kao da je pisalo „Gde si?" ili „Zvala sam te", ili „Pederu", ili „Bedniče!", vraćam telefon u džep, kao da u toj poruci nije bilo znakova usklika, oduševljenja, spektakularne eureke moje lepotice lepe, moje Ane sa kojom živim, i koja je na tu eureku i te radosne znake usklika čekala dugo, i ja vraćam Anu i tu ljubav u džep pantalona, kao da je u pitanju neki kusur sa kojim ne znam šta ću.

Isključujem tu ljubav i postajem joj nedostupan, pobegao sam pod kamen poput uplašene krabe u plićaku, sakrio sam se. Smeštam je u mrak pantalona, blizu muladara, čakre, zanimljivo – veza između sanskrita i srpskog jezika – muladara i mulj su u logičnoj vezi, mulj požude, tu sinoć završava ta radosna vest, arhanđel Gavrilo, Blagovesnik, prikazao se u vidu telefonske notifikacije, „stigla vam je poruka", i onda dolazi smrt požude, strah, i to spontano gašenje telefona, mali mrak na ekranu, kao da sam palcem izbrisao nešto sa čim nisam računao, kao da me se to uopšte ne tiče, kao da to nema nikakve veze sa mnom, jer to u tom trenutku i nema nikakve veze sa mnom.

Ja sam čovek koji se u tom trenutku muva sa sopstvenom ženom, koji otkriva lepotu sopstvene žene, njen šarm, opuštenost i prijateljstvo, ja sam čovek koji bi je na kolenima molio da zajedno sve zaboravimo, pošto sam ja sve zaboravio, „oh, Vesna, kako je lako uz tebe zaboraviti sve ono drugo, što nisi ti", i pošto sam pod uticajem njenih reči, njene haljine, osvetljenja, vina, pod uticajem našeg zajedničkog ambijenta, koji jeste slika našeg života, oslobođen svakog straha i krivice, i ponovo onakav kakav sam nekada bio, ne želim ništa izvan te slike.

Ja sam zaboravio da sam došao da pokupim svoje stvari, ja sam došao da utvrdim kraj tog braka, ja sam zaboravio da sam sâm odlučio da je moj život negde drugde, gde postoje lagane teme, moderniji ambijent, lice bez bora, starost koja je daleko i koja nas se ne tiče.

Zaboravio sam da je moj život tamo gde postoji uvek savršeno isfenirana kosa koja miriše na *Garnier fructis*, tamo gde su oči boje lapis lazulija i koža nalik baršunu, tamo gde pulsiraju njeni serijski orgazmi koji me čine neviđeno ponosnim i moćnim, moj život je tamo gde neprestano čujem da sam sjajan, nezaboravan i fantastičan, tamo gde sam bezuslovno voljen i gde mi se to pokazuje, tamo gde se neko za mene borio, u projektu koji se zove Nova veza, ja već živim u jednom privatnom nju ejdžu lišenom cinizma i takmičenja, i feminizma, ali to sam sinoć sve zaboravio.

Ja sam zaboravio na život prepun fantastičnih i jezgrovitih reklamnih poruka koje mi pomažu da poverujem „da ja to zaslužujem“, život u kome se ne sedi osim kad se mora, a umesto toga postoji samo beskonačno muzikalno njihanje sa vibracijom, ritam, i dugo stajanje uz visoke stolove i nova mladost u koju toliko verujem, nova mladost koju prati di-džej ovaj ili onaj, izgleda da sam sinoć sve to zaboravio, da sam zaboravio da već imam drugi život, koji je bolji, koji je nov, spektakularan i lišen svake brige, lišen umora i loših misli, novi život koji tek treba da se napiše.

„Trudna sam.“

Što bi rekli Amerikanci, „mi smo trudni“, ali to mi zvuči kao neka grozna presuda, izvini, Ana, nije bio dobar trenutak, morao sam da te isključim, da te na trenutak izbrišem iz misli, da te oteram, kao mrvicu sa tog stola na kome predivni prsti moje žene vrte viljušku i namotavaju najbolje špagete koje sam u životu jeo, morao sam da se napravim da ne postojiš, da se ne bih raspao među tim tanjirima i viljuškama, i vinskim čašama, za tom trpezom sa koje si me sinoć odvukla, zauvek.

Jebiga, bio sam ljut na tebe.

Nemaš pojma šta si mi uradila. Osim najboljeg i najdivnijeg što si donela u moj život, sinoć si, a da o tome nemaš pojma, učinila i nešto najgore – poslala si mi te dve reči, tu tvoju eureku koja mi je zvučala kao „sad je gotovo“, i zatekla si me nespremnog. Morao sam da te ugasim, kao što se gasi igračka kada dosadi. Morao sam da zaboravim na tebe. Da ne mislim šta to znači, to što si mi poslala. Vratila si me u stvarnost. Ne želiš stvarnost noću, noć je za sanjarenje, zaborav, maštanje, iluzije.

Nikada nisam mogao da pomislim da ću ovo reći, ali, evo, kažem: ono sinoć, sa Vesnom, bilo je bajka, i tvoja poruka je pokušala da mi to otme. Otkucala si mi ponoć. Ukinula si mi čaroliju.

Trenutak. To je bio taj trenutak, treperenje, tlapnja da je moguće uzeti lakoću podruku, posle svega, da je moguće i da je sasvim u redu i sasvim ljudski biti pokoleban, ponovo slab, ponovo kod kuće, da je koketiranje sa životom stvar mladosti, neozbiljnosti, neka vrsta generacijskog pečata, da je moguće biti malo tamo a malo ovde, kod kuće, da je u redu da se čovek zaljubljuje i odljubljuje ili da veruje da se zaljubljuje i da se odljubljuje, kao da je to kao čašu vode popiti, da je u redu ne biti siguran ni u šta, i da je upravo ta labavost uverenja ono što je garant moje slobode. Da je moguće povući ručnu kočnicu, usporiti život dok ne odlučimo šta ćemo s njim i kuda smo se namerili da putujemo; da je bilo divno sinoć zaboraviti te, Ana, moja lepa lepotice, nedužna u ovoj maloj drami sredovečne beogradske pizde koja ne zna šta bi sa sobom, da je bilo uživanje vratiti se svojoj sopstvenoj kući sinoć i gledati Vesninu kuglicu na lančetu kako se poigrava na njenom lepom vratu.

To je bio taj trenutak u kome sam, uživajući u njenom smehu koji mi uvek zvuči kao muzika zvončića, u njenim zanimljivim, pametnim i inspirišućim rečima, bio u stanju da u jednom jedinom bljesku dobre rečenice pročitam i pronađem svu lepotu našeg zajedničkog života, da čak uživam u njenom drskom ludilu sa svim onim mojim popijenim vinima, da se zacenjujem od smeha i da te tim smehom brišem, jer me pomisao na tebe odjednom podseća da više ništa nije kao što sam mislio da može biti.

Ana, izvini!

Mrmljam ove reči ovde, u njenom stanu, pijan sam i nisam siguran šta pričam. Nisam više siguran ni u šta. Gladan sam. Trudan sam. I sada duboko uzdišem.

Izašao sam na terasu koja ima ogradu od stakla. Podigao sam ruke visoko i protegao se.

U daljini, na istoku, daleko, daleko, tamo negde, jedna mala crvenkasta dlaka svetlosti javlja da se ovoj noći bliži kraj.

Biću tata. Opet. To je jedino „opet" koje je sada moguće, koje je sada izvesno.

Pokušaću da se radujem tome, sutra.

Zasad, nažalost, kroz glavu mi prolaze moje reči o tome kako sam, bežeći od Vesne, bežao od ponavljanja, od povraćanja, od predvidljivosti, od života kome se zna oblik, početak i sredina, ta elipsa me kolje sada, pomisao da ću biti tata u pedeset trećoj godini, ponovo, da je to jedino „ponovo" koje je moguće, i da će se moj život vrteti, ponovo, oko onoga što sam već prošao.

I, kako samo zavidim Vesni na njenoj slobodi i njenom prihvatanju onoga što smo napravili, što smo uništili, na njenoj zrelosti i njenoj mudrosti. I sinoć sam joj zavideo, i sad joj zavidim na tome što ne mora više ništa da počinje iz početka, zavidim joj na tome kako pleše uz sve ritmove koji su joj prirodno došli, ništa nije prizivala i ništa nije pokušavala da zaustavi, nijednu neumitnost, zavidim joj jer je umela da prihvati ono što ima i da uzme najbolje, čak i od mene.

I pomišljam kako su surove i sebične ove moje misli, kako su jezive prema Ani i kako su grozne u odnosu na tu bebicu koja je njena eureka, i za koju nisam bio siguran da li je i moja, jer mi smo svi malo naloženi na koncept da budemo večita deca, a ne očevi, zar ne? Svet je genijalno mesto za površne i sebične bezmudaše.

Sad me zbog toga grize savest.

Jer, ja to njoj dugujem, zar ne?

Mi ćemo imati bebu, Ana i ja, trudni smo nas dvoje, i to ću malo morati da objasnim Marti i Luki, Vesni neću morati ništa da objašnjavam, Vesna će sve razumeti, Vesna je sve razumela, biće, dakle, opet bebica, cuclica, flašica, pelena, lego kockica, i moraću, ali to ću uraditi sutra, da objasnim Ani zašto sam isključio telefon, zašto joj nisam poslao odmah uzvratnu poruku, zašto joj nisam napisao jedno kratko „*Delighted*",* ili nešto slično, tako jezgrovito.

Moraću da joj objasnim zašto je nisam pozvao odmah, da se zajedno radujemo prelepim vestima, ali Ana, moja lepa Ana, razume bar sve zamke savremene tehnologije: mogao bih da joj kažem da mi je baterija pukla, pukla, crkla, i da se to desilo baš u tom trenutku kad sam otvorio poruku, i da je posle bilo kasno, kupiću joj cveće, sutra, kad budem išao na aerodrom po nju, kupiću joj buket ruža, kupiću joj čitavu kofu ako bude bilo Ciganke na ćošku, Ana voli ruže, Ana voli lepe gestove, neće mi ništa zameriti, samo ću je ljubiti i šaputaću joj „trudni smo, trudni smo".

---

* Engl.: Oduševljen.

I moj život će se nastaviti, sve će biti kao što smo se dogovorili, kao što sam joj obećao, nikada niko neće znati za ovu noć i za ovu moju tahikardiju koja je stigla kao reakcija na uznemireno srce, teskoba polako nestaje, telefon se puni, teško je samo umreti, sve ostalo je lako, sve je lakše sada, jer uskoro sviće.

T, kao Tajland.

Vesna mi je sinoć rekla da danas putuje u Tajland i da je, pakujući mene za konačni odlazak, baš tako je rekla, „konačni odlazak“, osmehnuvši se sa izvesnom setom u tim dobrim očima, i pakujući sebe za letovanje na ostrvu na dalekom moru, imala utisak kao da pakuje ceo sopstveni život.

Hteo sam da joj kažem da ne govori tako, da mi užasno zvuči to „konačni odlazak“, kao da umirem, kao da sam već umro, ali nisam ni zucnuo, bilo bi strašno govoriti o smrti, o konačnom odlasku u toj večeri u kojoj se slavio život. Njegova nepredvidiva lepota, i njegova čudesna iznenađenja.

Tajland.

Blago njoj, pomislio sam, njoj je uvek bilo potrebno mnogo manje nego meni da bi bila srećna.

Moj odlazak preživeće na plaži na ostrvu Koh Samui, gledaće u tirkizno more, piće hladnu pivkanu, čitaće knjige i skupiće snagu za ovu i svaku drugu jesen koja je pred nama.

Tajland.

Tužan sam. Još me je sinoć spopala potpuno klinačka ideja da bi bilo fenomenalno kad bi ikako moglo, iako je to nemoguće, da se sutradan samo pojavim na aerodromu i krenem s njom, da pobegnem od svega, da tamo pijemo pivo, da nas masiraju na improvizovanim stolovima na plaži u senci pod krošnjama kokosovih palmi, i da zaboravimo na sve što smo uradili jedno drugome, na sve što su nam uradili slučajni turisti u našim životima poput Relje i Sare, ili svih drugih kojima smo dopustili da nam priđu.

Ona sutra putuje na Daleki istok, a ja sam trudan i ne idem nikuda.

Ć

Ćorsokak. Jedna divna stara reč. Turska reč. Znači slepa ulica. Znači zaglavljenost. Znači bezizlaz.

Ćorskokak je, međutim, uvek samo osećanje. Pošto, uvek postoji izlaz. Zar ne?

Da li ovo počinje da sviće?

Iz daleke daljine, čujem prve ptičice, nežna muzika novog dana polako se budi, i za koji minut, poput *Egipatskog regea* ptice će ponovo pevati, i svet će biti probuđen, i pun nade.

Ćao, zdravo, zbogom, adio.

U

Uroš, ja.

Urlik, uspomene.

Odjednom mi dolaze poput poludelih galebova, ustremljuju se na mene, sleću, kljucnu me, i odlete ostavljajući me da drhtim.

Okej, mene uspomene tek čekaju.

Ana, imaćemo i nas dvoje, i nas troje, naše uspomene, potrudiću se oko toga, obećavam, majke mi ću da se potrudim, imaćemo i mi divan život.

„Uvek“, rekla je sinoć – U, kao uvek, kao Uroš – i rekla je: „Nikada te neću mrzeti, glupi stvore.“

Dođe mi da se sada raspizdim kao neki klinac, mnogo je jako to što je rekla. Velika, tužna uspomena, koja će me terati, uvek, da se smejem ispod suza.

Usrao sam nam živote, svima.

F

F, kao fotografije. Sinoć je Vesna prešla rukom preko uramljenih fotografija poređanih na komodi u dnevnoj sobi. Prolazeći do kuhinje, da nam donese novu bocu vina, uradila je to mahinalno, kao da ih je pomazila, a nije ni bila svesna, da nas je tim malim spontanim gestom nekako sve pomilovala, zaštitila je svoju porodicu, uspomenu na ono što je ta naša porodica nekad bila. To je sada nekoliko porodičnih fotografija ostavljenih tu, na komodi u dnevnoj sobi, da ih gledamo i da ne zaboravimo skoro ništa od onog svega čega treba da se sećamo.

Dirnuo me je taj njen gest, prepun nežnosti, ali ništa nisam rekao. Ne govori se o onome što može da izazove višak emocija, pogotovo ne u takvoj situaciji, pogotovo ne sinoć, jer veče je bilo nežno, i odjednom, lako lomljivo.

Iz daljine sam mogao da vidim uramljenu fotografiju Marte, sa maturske večeri, u onoj čuvenoj haljini, one čuvene noći kad su plakale i ona i Marta, a ja sam se smejao, kao neki napaljeni adolescent, nesvestan onoga o čemu se tu zapravo radi. I Lukinu fotografiju sa Ibice: zagrlio je dasku za surfovanje, kao devojku, prekstio je nogu preko noge, plave lokne mu padaju na čelo, i nasmejan je. Zamrznuti trenutak potpune opuštenosti. Luka je mnogo lep.

I, onda, moja i Vesnina slika sa nekog letovanja – sedimo na čamcu, zagledani u zalazak sunca, kose su nam razduvane na vetru i pune soli, moja ruka prebačena je preko njenog preplanulog ramena, divna fotografija – izgledamo kao da smo upravo popili po čašu belog vina, kao da smo nazdravili jednostavnosti života, njegovoj savršenoj običnosti, mi smo srećan mladi par u četrdesetim, koji uživa u ćilibaru popodnevne svetlosti.

Mislim da je to slikano u Grčkoj, negde, možda u Uranopolisu, kad bih pitao Vesnu, ona bi sigurno znala ne samo da tačno kaže gde je slikano i koje godine, nego i šta smo radili pre toga, i gde smo išli posle. Ženska memorija je spetakl važnih detalja, od kojih se, kako sada vidim, živi. Zapravo, nema nebitnosti u sećanju. Možda zato što više i minucioznije pamte, žene duže žive?

I onda sam, kao da prvi put tu sedim, u toj našoj dnevnoj sobi, pogledom prelazio preko dekora našeg života, video sam u biblioteci poređane, bez reda, ali baš zato savršene, fotografije naših srećnih godina. Naša deca koja se smeju. Rođendani, naši i dečji. Mi, za slavu. I na selu. Ja, u kafani sa podignutim rukama, pevam, oko mene su tamburaši. Vesna sa štrikanom kapom i ćubom, na skijanju, na Kopaoniku.

„Je l' si ti to zagledan u naše fotografije?", pitala je sinoć, oprezno, i učinilo mi se da je htela da kaže, naravno, mogu da uzmem koju god želim, jer je to i moj život, ali je mudro oćutala. To se ionako podrazumevalo. Pametna je to žena koja zna da bi pominjanje fotografija koje nosim sa sobom, u ovoj situaciji, bilo okidač za atomsku bombu. Dovoljno je bilo to što sam mogao da ih vidim, otisak srca u prašini.

Napravio sam se da to nisam čuo, i promenio sam temu.

Ali istog trenutka mi je palo na pamet samo jedno: onaj ko odlazi ne nosi fotografije sa sobom, to bi bilo kao da nosi ceo svoj život, kao da sa starim životom nije raskrstio. Obarajući tango života. Prošlost mora da umre, da bude izbrisana, inače nema novog života, to je jasno kao dan. Zašto bi u novi život iko nosio stari? Ne, fotografije će ostati tamo, na tim policama i na tim komodama za koje su i uramljene, ostaće tamo gde o njima može da se govori, gde one imaju smisla, gde razgovori o trenucima koji su na njima ovekovečeni služe da utvrde, ili da poprave, sadašnji trenutak. Jer ima smisla o njima govoriti.

U novom životu, fotografije starog su višak, uvreda, neka zloba koju niko ne bi mogao da razume.

Zato u novi život čovek ode simbolički go. Skine staru kožu. A na staroj koži su uspomene, sećanja, ono što je bilo. Šare prošlosti.

Fotografije našeg života ostaće kod Vesne. U albumima sa samolepljivim celofanima podklobučenim od vlage. U malim plastičnim albumima koje smo dobijali u fotografskim radnjama kad smo nosili filmove sa letovanja i sa naših slavlja da nam naprave slike veličine razglednice, u boji. Ostaće u starim kutijama za cipele, među iskrzanim računima za struju, u fasciklama sa školskim svedočanstvima naše dece.

Nemam nijednu našu fotografiju ovde. Ništa.

Ovde, kod Ane, postoje dve naše fotografije, uramljene – jedna je u kupatilu, Ana je namerno dala da se napravi crno-bela fotografija, nas dvoje, golih ramena, preplanuli, slikali smo se prošlog leta na Adi Ciganliji, na splavu kod nekog njenog druga. Divan mali selfi, i naši blješteći beli osmesi koji dominiraju u toj izvrsnoj crno-beloj kompoziciji. Izgleda kao neka retro reklama za pastu za zube. Fantastičan dizajn, Ana ima savršen ukus, Ana ume da dizajnira život. Dizajn je pitanje mere, odbacivanje suvišnosti, obris koji izaziva naslućivanje.

I, druga fotografija, selfi takođe, nas dvoje u Barseloni, fragment Sagrade familije, između naših spojenih glava, i naša vesela lica. Mnogo smo dobro ispali na toj fotografiji, toliko ima neke radosti u njoj, avanture, nečeg neizgovorenog, samozadovoljnog, skoro sebičnog. I nema nijedne više, nema ni Aninih fotografija, ona kaže da ne podnosi prostore nakrcane uspomenama, fotografijama, memorabilijama, da to pojede sadašnjost, da je proždire, odvlači iza, u prošlost, i da su fotografije, pogotovo stare fotografije, ili ne daj bože, fotografije onih koji više nema, neka vrsta kućnih duhova, i da su joj zastrašujuće. I nije da nema istine u tome.

Ovde kod Ane, nema uspomena. To se zove novi život i bukvalno.

A moje uspomene ostaće u mojoj glavi, u mom srcu i kod Vesne. Paradoks sa fotografijama leži u tome što one predstavljaju neku vrstu simboličke ironije – one su uvek povlačenje momenata iz prošlosti u sadašnjost, momenata kojima je nekom prećutnom saglasnošću dozvoljeno da se šepure u sadašnjosti, da je oblikuju i da se s njom porede. Ne postoji li danas sve samo zato da bi na kraju završilo u fotografiji? Fotografska uspomena pokušaj je da se simulira večnost, iako je upravo fotografija jedan tih i setan podsetnik da smo smrtni.

Vrtim sada fotografije u telefonu. To su uglavnom slike sa vibera, i nekoliko mojih i Aninih fotografija, uglavnom su u pitanju selfiji, evo je Ana na jedrilici u onoj uvali na Hvaru, pre dve nedelje, Ana u baletankama, slikao sam je s leđa, na rivi, u Jelsi, u iscepanom šortsu od teksasa, mnogo dobra fotografija. Toliko je lepa moja Ana.

Nekada je moj telefon bio prepun fotografija. Moj stari kompjuter imao je arhivu od nekoliko hiljada naših fotografija, bio sam dao Karli Bruni, pre nekoliko godina, da skenira naše porodične fotografije, i Vesna je bila toliko srećna što će sve to, naš život, napokon biti na jednom mestu. I bio je. Jednom smo čak, otvorili flašu vina, priključili kompjuter na televizor i proveli celo veče, u nekoj vrsti slatke male idile, gledajući taj dugački slajd šou našeg života, koji nam je izazivao uglavnom smeh, zbog toga kako smo se smešno oblačili, ili zbog naših frizura, ili smešnih amaterskih fotografija, i nagonio nas da iz dubokih odaja sećanja prizovemo najneverovatnije male i dirljive zajedničke trenutke, kao dragulje, zbog koji smo oboje otišli u krevet te noći nasmejani i uvereni da nam je naša zajednička istorija bila daleko bolja nego što smo uspeli da je zapamtimo. Zar fotografije ne služe upravo tome? Za mene su fotografije bile uglavnom to: podsticaj da se pokrene slatki i nežni kaleidoskop uspomena.

Da, ali elektronska era ima i svoje mane. Jednoga dana, iz nepoznatog razloga, moj stari kompjuter je crkao i sa sobom u simboličku smrt i večni mrak odneo čitavu digitalnu foto-arhivu koju smo imali. Ostali su nam samo stari trošni albumi. Ali ostali su kod Vesne, i to je jedini garant da naši životi neće nestati. Ona je ključarka riznice naših uspomena, koje sada nema ko da gleda, niko, osim nje. Decu to ionako ne zanima, decu zanimaju uspomene koje će tek da se dese. Ono što dolazi i što će biti slikano.

Danas se slikamo kao ludi, „majmunska posla", to je očigledno. Vesna ima teoriju o patologiji fotografisanja – ona lepo kaže da je fotografisanje danas, sa ovom digitalnom manijom i diktaturom života na društvenim mrežama, neka vrsta masovnog ludila. Fotografija je postala ne, kao nekada, institucija zamrzavanja trenutka, nego neki simbolički leptir ego manijačenja. Fotografija danas traje samo nekoliko sati – život je zamenjen prisustvom na vizuelnim društvenim mrežama i meri se isključivo učestalošću liferovanja slika. Život ne postoji ako nije dokumentovan fotografijom, koja je ključni dokaz egzistencije.

Fotografija je dokaz. I zato se toliko slikamo, i zato ih tako lako brišemo, uništavamo.

Vesna mi je slala svoje slike iz Goe. Tamo je išla zimus sa drugaricama. Divne fotografije, sećam se, žuti pesak, ona umotana u maramu boje nara, na vetru, zagledana valjda u Arabijsko more, iza nje bivolica koja spokojno drema na pesku polizanom poslednjim udahom okeana; ili Vesna, sa kajalom na očima, na tibetanskoj pijaci, okićena đinđuvama, maše mi. Vesna, sa rukama kao boginja Kali, i vencem načinjenim od nanizanih kadifica oko vrata, ispred nekog budističkog hrama.

Kad sam došao da živim ovde, preventivno sam obrisao te fotografije iz telefona. Sve te boje, Vesnu, Indiju, sve je obrisano, jer zbilja ne ide da u svom telefonu držim fotografije bivše žene. Ana bi se s razlogom uvredila.

Tako da, sada, nemam ništa.

Imam samo snažno, skoro vatreno sećanje na sve što sam bacio, na sve što sam obrisao.

I, te boje. Ne moram ni da zatvorim oči. Sve vidim, kao da je tu, sećanje lišeno „dokaza“ ponekad ima snagu fotografije.

Vesna je sinoć uzela svoj telefon, prišla mi, skoro da me je zatekla tim iznenadnim pokretom, naslonila se na sto pored mene i rekla:

„Nasmej se, mrgude!“

I ja sam se nasmejao. Bio je to mali tužni osmeh.

Pritisnula je palcem i napravila naš poslednji selfi.

Nikad mi ga neće poslati, jer zna da bi ta fotografija sada imala život leptira.

H

H, haljina. Haljina, jedna jedina reč, reč ove noći, reč prethodne večeri, mala, obična haljina, njena haljina, strašna, kao poezija. Najvažnija reč.

Kad sam zazvonio na naše zvonce, i kad mi je otvorila vrata, sinoć, obučena u tu haljinu, zaustavljena u tom zamrznutom kadru, u okviru tih vrata poput Matisove crvenokose, opalila me je ta slika u nos. Slatka umiljata zver. Sećanje, uspomena, poruka, velika, snažna kao iznenadni jecaj.

Rekao sam već, odmah me je zajebala.

Opraštala se od mene, kraljevski.

Muškarci ne pamte gluposti, sitnice, predmete, detalje, bar ja to tako vidim, mora biti da sam milijarde trenutaka zaboravio, valjda zato što sećanje ima neku svoju unutrašnju logiku, što je biće sećanja stvarno i što ima neku svoju volju o kojoj racionalni um ne odlučuje i ne može joj ništa.

Okej, haljina. Ta haljina.

To je ta moja uspomena, nešto sramotno i dirljivo, i tužno i smešno.

Pružila je ruke ka meni, kao što se pružaju ruke starim prijateljima, i zagrlila me. Držala me je tako, u svom zagrljaju, na vratima, možda čitav minut. Znala je da su mi krenule suze. Pustila me je tek kad je bila sigurna da sam se sabrao.

Svojoj ženi kupiš stotine haljina za dvadeset pet godina braka. Ali ja sam joj kupio samo jednu. Tu, svetloplavu sa štampanim belim radama, u gloknu, letnja haljina, obična mala haljina, neuporediva sa bilo kojom drugom koju ima u ormanima, neuporediva sa Aninim *Armanijima* i *Pradama*, mala haljina koja više nego ijedna reč opisuje mene i Vesnu, i sve to što je među nama bilo, i ono što nije.

Bio sam dobio unapređenje u *Jugodrvu*, gde sam radio kao ekonomista. Marta nam se tek bila rodila, Vesna se mučila sa kilogramima, i bila je nervozna kao zver, nezadovoljna sobom, nije se izvlačila iz neke stare teksas suknje jer je to bila, kako je govorila „jedina stvar koja joj dobro stoji", i kukala kako nema šta da obuče, iako je meni bila lepa kao anđeo, jedra u svim tim sokovima novog majčinstva.

Išao sam peške kući, i u nekoj radnji u izlogu u Bulevaru revolucije, spazio sam tu haljinu. Radnja je bila grozna, lutka je bila bez jedne ruke, muve su ležale uspavane i mrtve po guveriranom aranžmanu napravljenom od nekih krpa, ali svetloplava haljina od platna, sa velikim dekolteom, nacigovana u struku, sa štampanim belim radama bila je lepa i ženstvena, i meni – fantastična. Video sam u izlogu mladu Brižit Bardo u Sen Tropeu, sa tim malkice smaknutim ramenima, video sam ženstvenu balerinu i romantični film, i prvi put u životu, jer Vesna je uvek sama sebi kupovala garderobu, pomislio sam kako bih mogao da je obradujem, kako će sigurno biti oduševljena što sam se setio, što sam izabrao nešto za nju. I kako će, kad obuče tu haljinu, koju sam joj ja kupio, uvek biti zagrljena mojim rukama.

Kupio sam joj tu haljinu, merio sam odokativno po prodavačici koja je bila njene građe, i sav srećan doneo sam je kući. Upakovali su mi je bili u pak papir i najlon kesu, ali bilo me je baš briga, samo sam zamišjao Vesnine široko otvorene oči, njeno oduševljenje i dirnutost dok je otpakuje, onaj trenutak kad drži haljinu za ramena, i otvorenih usta posmatra to malo modno čudo koje sam joj ja izabrao. Bele rade na nebu, tako mi je to izgledalo, i ta haljina mi je bila simbol leta, lakoće, naše ljubavi.

Zamišljao sam je u toj haljini, kako vozi Martu u kolicima, i kako Luka i ja, držeći se za ruke, cupkamo za njima dvema na Tašmajdanu, zadivljeni njenom gracioznošću i ženstvenošću.

Ali dočekao me je hladan tuš.

„Evo, kupio sam ti nešto, da te obradujem. Nadam se da će ti se svideti."

„Šta je to?", pitala je smeškajući se.

„Haljina, za tebe."

„Oh", bila je dirnuta. „Baš si sladak."

Otvarala je pak papir sa znatiželjom i ushićenjem, a ja sam poput klinca posmatrao njeno lice, čekajući onaj trenutak kad ona od oduševljenja gubi dah, i baca mi se u zagrljaj.

Ali njen osmeh je polako jenjavao, čim je prvi centimetar haljine ugledala, očigledno joj se nije dopao ni dezen, ni materijal, a kad je izvadila celu haljinu, lice joj se snuždilo u dubokom razočaranju.

Prislonila je haljinu uz sebe.

„Mala mi je", rekla je suvo, skoro iznervirana.

„Ne sviđa ti se?

„Ne, baš je lepa, mada ja baš i ne nosim glokne..."

„Mislio sam da će ti se dopasti, zamišljao sam te u takvoj..."

„Lepa je, samo odakle ti ideja za bele rade...?"

„Svidela mi se. Video sam te u njoj."

„Lepa je, hvala ti." Rekla je, smotala haljinu i vratila je u najlon kesu.

„Hoćeš li bar da je probaš?", pitao sam skoro molećivo i nisam uspevao da sakrijem razočaranje.

„Hoću, naravno, probaću je, malo kasnije", prošla je pored mene koncentrisana na nešto drugo, na Martu, na Luku, i ofrlje me poljubila u obraz.

Čekao sam ceo dan da je obuče.

Čekao sam celo leto da je obuče, jednom sam je čak, neobavezno, pitao kad će da obuče plavu haljinu, a ona mi je spretno odgovorila da još uvek nije stigla da je opere.

I, ona nikada nije obukla tu haljinu. Nije je čak ni probala. Bio sam toliko povređen, ne znam zašto sam bio toliko povređen, valjda zato što sam verovao da prava žena mora da padne na takav izraz nežnosti muškarca, da je to kad muškarac svojoj ženi kupi haljinu najnežniji izraz ljubavi, i da žena koja iskreno voli tu haljinu nosi, čak i ako joj se ne sviđa. I bio sam se tada zarekao da joj nikada više neću kupiti nijednu haljinu, da više nikada za nju neću ništa birati, i da je sa takvim malim romantičnim i glupim epizodama u našem braku završeno.

I bilo je završeno.

Nikada više nismo pomenuli plavu haljinu, nikada.

U međuvremenu, dobijala je od mene poklone u kovertama, kupovala je sebi divne haljine, probala ih za mene, oblačila, divno su joj stajale, ali ja nikada više nisam poželeo da je tako iznenadim. Na neki način, doživeo sam to kao da je zgužvala i bacila u đubre moju malu nežnost.

I, zaboravili smo na bele rade, plavo nebo, i smešnu haljinu u gloknu koju nije htela čak ni da proba.

Život se nastavio sa svim tim dekolteima, kragnama, gloknama, karnerima, šalovima, kravatama, sa štepovima koji su bili umetnički i sve skuplji, ređale su se skupe haljine i odela, i firme, i sve moguće dužine, i stilovi, za svaku priliku, jer garderoba nas opisuje, zar ne, ali ništa nikada nije moglo da se uporedi sa tom malom, davnom, siromašnom haljinom, koju smo zaboravili. Koja je sve ove godine, odbačena i zgužvana u nekom mračnom kutku plakara čekala da bude obučena za mene.

Grlila me je sinoć tom haljinom, i u tom zagrljaju, zaboravio sam zašto sam došao.

Bilo je to nešto, između Vesne i mene, naše, staro, i krhko i nežno, suviše nežno da bi se iko od nas usudio da ga dodirne rečima.

C

Ceca, ovo ludilo, ova besana noć, počelo je sa Cecom. Nisam mogao da zaspim, pa sam je prizvao da se poigramo. Uvek smo se tako igrali, u mislima i u stvarnosti. Ceca, crveni karmin, crvene tange, zgužvani cvet na brushalteru – Ceca, koja u raspoloživim uslovima ispunjava moje male muške želje.

Prva sekretarica koju sam imao. Plava blajhana kosa, crni izrastak, lak na noktima u nekoj neverovatnoj boji kakva se nosi na seoskim svadbama, Ceca kojoj dozvoljavam da vodi računa o meni, o mojim potrebama, Ceca koja se ispostavila kao mali privatni kerber, sa onim teškim parfemom, Ceca koja nije podnosila kad se Vesna javi telefonom, smatrala je da ima prava na mene, polagala je prava na to malo zadovoljstvo da ona, i niko drugi, odlučuje o tome kome se javljam na telefon, zbog čega je Vesna šizila.

Jednom mi je stara dobra Ceca posla poruku neprimerenog sadržaja u pola sedam ujutru, i Vesna je, pošto sam se ja tuširao, pročitala tu poruku.

Poruka je bila nepismena, i mislim da je to najviše izludelo Vesnu, to što se jedna nepismena, agresivna sekretarica, kojoj sam suviše dao, i koja se mnogo razmahala, usuđuje da mi piše da joj nedostajem, da će da obuče crvenu tangu i da „obavezno obrišem poruku, da ju ona ne vidi“.

„Mene je sramota zbog tebe“, Vesna je bila istinski zgrožena i šokirana. Teško je disala, i uzdržavala se svim silama da mi ne opali šamarčinu.

„Daj, nemoj da dramiš“, rekao sam, jer nisam imao šta da kažem, kao svaki nezreli klinac, uhvaćen na delu, u isto vreme postiđen i na ivici da prsnem od smeha. Ne znam šta mi je tu bilo toliko smešno – gledanje u Vesninu besnu facu ili zamišljanje male trtaste Cece kako zadiže svoju suknju i pokazuje mi tange, pošto me je prethodno, šifrovano, upitala: „Da li bi neko da se malo igra?!“

E pa, posle toga meni više nije bilo do igre.

Nije da je Ceca izazvala našu prvu bračnu krizu, ali da se mrlja sa crvenim tangama i plavim lakom za nokte ne bi širila, sirota Ceca morala je da ode.

Našao sam joj bolji posao, postala je referent prodaje u stovarištu građevinskog materijala koje je držao neki moj ortak sa studija, na Avalskom drumu – bilo je to zgodno premeštenje jer je sada sirotoj maloj Ceci bilo lakše da dolazi na posao iz Boleča.

Kad je odlazila, oči su joj bile pune suza.

„Uvek će mi nedostajati“, napravila je onaj nepristojni gest rukama, ne mogu sada da ga opisujem, to nešto prostačko i samo naše, što eto i ja, posle toliko godina, prizovem iz magle uspomena, kada hoću da se zabavim.

Zbogom, Ceco!

Nedolično je što je sada, u ovoj noći, u kojoj postoji toliko toga boljeg, značajnijeg, smislenijeg, pominjem, ali azbuka je azbuka, a asocijacije se ne mogu kontrolisati.

Vesna, mogla si da pretpostaviš da će u muškoj azbuci biti slova koja te vređaju, i koja nikako nisam mogao da izbegnem.

Č

Čaše, čast, čovek, čekanje. Čudo.

I sad razmišljam, šta ti je Čovek. Večito gladan, nezadovoljen, nesiguran, na dve stolice, uvek je lepše u tuđoj bašti, tamo je trava uvek zelenija.

Mene je ubila dosada, paničan strah od dosade.

Ana, biću dobar.

Čaša je ispijena, sad mogu da legnem.

Dž

Džabe, opis uzaludnosti. „Džabe ste krečili." Uzaludnost ove azbuke. Lepo je, neću umreti noćas, ali da li ću živeti? Nisam siguran da li sam išta naučio, da li sam došao do bilo kakvog novog uvida, da li sada znam nešto što nisam znao ranije.

Vrapci crvrkuću napolju, svanulo je, svetlost je okupala ovu belu sobu, i u njenom jutarnjem blještavilu, jedina tamna prilika sam ja.

Ana dolazi oko šest popodne.

Leći ću sad.

I, Bože, nisam sada nimalo lakši nego što sam bio pre nekoliko sati, niti me je ova polupijana ispovest učinila boljim.

U ustima mi je osećaj gorčine, ali to je verovatno zbog konjaka, zbog gladi, zbog straha.

Svanulo je novo jutro, a ja idem da spavam.

Š

Poslednje slovo azbuke. Šare po papiru, crtice, slova, prežvrljane i podvučene reči, strelice, oči, tačke i zarezi, krstići i sunca, izgleda ovo šaranje kao neki dečji crtež, strašan i besmislen u ovom jutru, u kome si i ti, Bože, otišao na spavanje.

Stvarnost je ovo: stojim nasred ove sobe, uzimam papir i cepam ga u komadiće, da uništim sve tragove sopstvene zbunjenosti, ushićenosti, sunovrata i sumnje, i bacam sve to u kantu za đubre, sklanjam čašu i praznu flašu konjaka, bacam jedan pogled spremačice po stolu, pomislim, super je, čisto je, nema ničega, sve je sklonjeno, očišćeno, pobacano, sumnje, strahovi i nade, to su samo papirići noći, život mi se vratio, jedan zrak sunca legao mi je sad na potiljak, kao da me je poljubio, prošao sam rukom po glavi, počešao se, izašao još jednom na terasu i duboko uzdahnuo.

Dole, na ulici, život je počeo da se mrda. Neko je upalio kola. Neki čovek, šetao je dole pudlicu. Povetarac je doneo miris kuvanog paradajza iz nekog stana. Negde tu, blizu, iz nekog prozora, dopirao je plač bebe.

Vratio sam se unutra, ušao u spavaću sobu, bacio se na krevet i zagrlio jastuk.

Neko vreme, ne znam koliko je to trajalo, samo sam zurio u tu belinu, bez i jedne jedine misli, potpuno prazan. A onda sam skliznuo u san.

* * *

Probudio sam se, bio je oko pola dva.

Sanjao sam Anu na čamcu, upravo izronilu iz mora, mala morska sirena koja cedi kosu, sanjao sam bebe, mnogo beba koje guču i pružaju svoje mekane ručice ka meni, sanjao sam Vesnu kako igra mambo, oko kukova joj je zavezan pareo pink boje, sanjao sam Ljudimilu koja plače a umesto suza po njenom licu klize pahulje, sanjao sam nečije dupe u crvenim tangama, to mora da je bila Ceca, sanjao sam čoveka koji leži na krevetu, kao na odru, i nisam se plašio, jer je čovek imao otvorene oči, a onda mi je namignuo.

Otišao sam do frižidera. Popio sam veliku čašu vode, onda sam otpakovao kofere. Gledao sam svoje stvari koje su mi odjednom izgledale kao da sam uzeo i dovukao ovde nečiji tuđi život, pakovao sam sve to na ofingere i složio sam sve u svoj deo plakara, izbrisanih emocija, potpuno ravnodušan.

Pio sam, posle, kafu u obližnjem kafiću, čitao sam novine, iz kojih su mi iskakale reči koje su me vraćale u stvarnost – deca, škola, žena, rat, ljubav, kriza, putovanja, Njujork.

Za koji sat Ana će doleteti iz Njujorka. Vesna putuje u Tajland.

Grizla me je savest zbog nekih misli koje su mi sinoć padale na pamet, bio sam, možda, nepravedan prema Ani, ne možda – nego bio sam sigurno nepravedan i jeziv prema našoj ljubavi, bio sam zbunjen, polupijan i uplašen, neodgovoran, raspojasan, usran, grozan, tako ne može da se živi, pomislio sam, tako se samo upropašćava život, pa sam počeo da zamišljam kako ću je ljubiti kad dođe: kako ću je snažno zagrliti da oseti sigurnost u mom naručju, da oseti sigurnost sa mnom, da joj pokažem da je sve u redu, da ne treba niko da se brine, Ana, izvini, zagrliću je da bih ja osetio sigurnost u tom zagrljaju.

I zaista, vreme je da odrastem, krajnje je vreme da zavolim svoj život i ono što imam, što sam izabrao i stvorio.

Mora biti da sam izgledao kao ludak koji priča sam sa sobom, ali je stvar bila u tome da i jesam pričao sam sa sobom.

Trebaće nam veći stan kada dođe bebica, pomislio sam, voleo bih da bude devojčica, raznežio sam se na sekund na tu pomisao, još jedna ćerka. Ja sam u stvari samo nezahvalan i možda sam i depresivan, totalno sam nezreo i ne znam šta hoću, minut do dvanaest je da se trgnem: raduj se divnim vestima, ona te čini mladim, dobio si šansu za novi život, potrudi se da sve bude bolje nego što je bilo, nemoj tako olako da bagatelizuješ ono što imaš, i kako bi bilo da malo stvarno počneš da uživaš?

Zaboravi sinoć. Danas je novi dan.

Ljubiću Anu kad dođe, ljubiću je nenormalno, vodićemo ljubav, odmah, čim dođemo kući, popraviću sve, mogu to, govoriću joj da je volim, voleću je, sve ćemo iz početka, nas dvoje, to je divno, optimistično, moram da popravim ovaj grozni osećaj da sam je izdao sinoć i noćas, gospode, zašto sam ja takav kreten?

Sad kad je sve u redu, sad kad je sve razrešeno na najbolji mogući način, sad ću da se potrudim da moj život sa Anom bude nešto fantastično, da ja budem bolji, mnogo bolji.

Ana, ljubavi moja, lepotice moja, nemaš pojma koliko te volim, evo me, dolazim po tebe.

Pustio sam muziku na radiju u kolima, odvrnuo sam je na najjače, i krenuo na aerodrom.

Oliver je pevao *Cesaricu*, i ja sam pevao s njim, misli raspršenih po nepreglednom prostranstvu zapadnog neba.

Na uključenju za Gazelu, odjednom je bio zastoj.

„Cilega života, ja sam tija samo nju...“

Nešto me je uznelo, kao neki mali unutrašnji kovitlac. Bilo je jače od mene. Morao sam.

Uzeo sam telefon, srca ustreptalog kao u vrapca, i napisao joj poruku.

„Plava haljina. Ne mogu da prestanem da mislim o njoj.“

Gledao sam nekoliko trenutaka u tih nekoliko reči, koje su bile najistinitija istina tog trenutka, a onda sam je poslao.

Iza mene, neko je trubnuo.

Trgao sam se, pritisnuo papučicu za gas i nastavio da vozim ka drugoj obali.

O autorki

Mirjana Bobić Mojsilović je spisateljica i slikarka. Objavila je romane *Dnevnik srpske domaćice* (2000), *Happy End* (2002), *Majke mi, bajka* (2003), *Ono sve što znaš o meni* (2005), *Tvoj sam* (2006), *Srce moje* (2007), *Azbuka mog života* (2008), *Glad* (2009), *Gospodin pogrešni* (2010), *Traži me* (2012), *Tvoj anđeo čuvar* (2016), kratke priče *Baba, nemoj ništa da me pitaš* (1997) i zbirku poezije *Obećao si mi* (2016). Autorka je šest pozorišnih komada *Suze su O. K.*, *Verica među šljivama*, *Pozovi M radi užitka*, *Poslednja šansa*, *Pogodi ko dolazi na večeru*, *Svlačenje*, koji su izvođeni u Narodnom pozorištu, Ateljeu 212, Kult Teatru, Zvezdara Teatru, Akademiji 28 i na sceni KC „Palilula“. Dvanaest njenih naslova objavljeno je u Francuskoj, Italiji, Češkoj, Hrvatskoj, Sloveniji i Makedoniji. Autorka je nekoliko samostalnih izložbi slika. Bila je jedan od prvih autora – samostalnih izdavača u Beogradu. Nekoliko puta je dobila nagradu „Zlatni bestseler“ i dobitnica je „Zlatne značke“ Kulturno-prosvetne zajednice Srbije. Mirjana Bobić Mojsilović je slobodna umetnica i živi u Beogradu.

Mirjana Bobić Mojsilović
MUŠKA AZBUKA

Za izdavača
Dejan Papić

Lektura i korektura
Maja Mihajlović

Slog i prelom
Saša Dimitrijević

Dizajn korica
Lidija Šijačić

Tiraž
4.000

Beograd, 2018.

Štampa i povez
Margo-art, Beograd

Izdavač
Laguna, Beograd
Resavska 33
Klub čitalaca: 011/3341-711
www.laguna.rs
e-mail: info@laguna.rs

CIP – Katalogizacija u publikaciji
Narodna biblioteka Srbije, Beograd

821.163.41-31

БОБИЋ Мојсиловић, Мирјана, 1959-
Muška azbuka / Mirjana Bobić Mojsilović. - 4. izd. - Beograd : Laguna, 2018 (Beograd : Margo-art). - 252 str. ; 20 cm

Tiraž 4.000. - O autorki: str. [253].

ISBN 978-86-521-2902-7

COBISS.SR-ID 262236172